中国传统文化
在高校文化建设中的传承与创新

黄介观 ◎ 著

吉林出版集团股份有限公司

图书在版编目（CIP）数据

中国传统文化在高校文化建设中的传承与创新 / 黄
介观著 . — 长春：吉林出版集团股份有限公司，2021.6
ISBN 978-7-5731-0518-9

Ⅰ．①中⋯ Ⅱ．①黄⋯ Ⅲ．①传统文化－应用－高等
学校－校园文化－建设－研究－中国 Ⅳ．①G647

中国版本图书馆 CIP 数据核字 (2021) 第 214083 号

中国传统文化在高校文化建设中的传承与创新

著　　者	黄介观
责任编辑	王　平
封面设计	林　吉
开　　本	787mm×1092mm　　1/16
字　　数	190 千
印　　张	8.5
版　　次	2021 年 12 月第 1 版
印　　次	2021 年 12 月第 1 次印刷
出版发行	吉林出版集团股份有限公司
电　　话	总编办：010-63109269
	发行部：010-63109269
印　　刷	北京宝莲鸿图科技有限公司

ISBN 978-7-5731-0518-9　　　　　　　　　　定价：98.00 元

前　言

　　大学文化的建设离不开中国传统文化，中国优秀的传统文化在大学文化的发展中不断绽放出新的光芒。因此，在大学文化建设中，应该充分发挥中国优秀传统文化在大学文化建设中的积极作用。另外，我们要大胆创新，将大学文化建设与中国优秀传统文化相结合，与时俱进，不断为我国的大学建设注入新的活力。为大学文化建设建立夯实的基础为建设一流大学而做准备。中华文化五千年的历史，博大精深源远流长。随着我国社会主义精神文明建设的不断进步，公众和社会越来越重视弘扬以及继承民族优秀传统文化。大学校园是传播民族优秀传统文化的重要阵地。

　　对于当代大学生群体中的不良风气，我们要提倡民族精神，加强中国传统文化教育。一所大学必须在继承传统基础上，融入现代性文化，弘扬传统与倡导创新并举，具有开放意识和全球意识，创新大学文化模式，扎实推进，才能建设出深具文化底蕴和人文特色的现代大学文化。中国传统文化的特点是博大精深，源远流长，我们要加强优秀传统文化对于当代大学生的影响，将优秀的传统文化与社会主义核心价值体系相结合，用中国特色社会主义先进文化帮助大学生提高人格修养，建立道德理想情操。因此在大学思想政治文化建设中，应该发挥中国传统文化的积极的作用，从而培育德、智、体、美、劳全方面发展的新时代优秀大学生。本书主要针对中国优秀传统文化在大学文化建设中的传承与创新进行分析和研究，希望给予我国相关高校以参考和借鉴。

作　者
2021 年 3 月

前 言

目　录

第一章　中国文化

第一节　中国文化生成过程分析

中国是世界四大文明古国之一，也是唯一绵延5000年至今的文明古国。中国社会的稳固，中华民族的繁衍不息得益于富有生命力和凝聚力的中国文化。中国文化的生成过程和生成背景就隐含了中国绵延不断的文化基因。在世界优秀的文化体系之中，只有中国文化在人类历史上从未中断，正如刘诒徵先生在《中国文化史》中所言："吾民族创造之文化，富有弹性，自古至今，俪俪相属，虽间有盛衰之判，固未尝有中绝之时。"中国的延续在于中国文化的延续，而中国文化的延续在于其所特有的文化生成机制和生成背景。我们应深入探寻中国文化形成的历史源头，寻找中华文脉传承的根基。首先，借鉴中国历史的分期方式对中国文化的生成阶段进行简要的划分，根据这一划分方式，将中国文化的早期生成过程大致划分为三个阶段：中国文化的萌芽，即三皇五帝时期；中国文化的形成，即夏商周时期；中国文化的定型，即春秋战国时期。其次，分别从这三个时期入手，详细分析中国文化的生成脉络和生成过程。

中国传统文化是中华民族的精神之源，是中国文化发展的内生动力，是中华文化的生命灵魂。习近平总书记指出："中华优秀传统文化的丰富哲学思想、人文精神、传统美德等，是解决当代人类面临的共同难题的重要思想源泉，为全球治理和治国理政提供有益启发。"在倡导文化自信的今天，我们对中国文化进行探本溯源，找到中国文化生成的历史阶段和脉络，挖掘中国文化生成的内在逻辑是十分重要的，也是必要的。

一、中国文化的历史分期

对于中国文化的历史分期，我们可以先从中国历史的分期着手。自西方的历史分期方式引入中国以后，中国学者多数参照西方模式对中国的历史进行了阶段性的划分。如梁启超先生在《中国史叙论》中，以西方学术界的历史分期方法，并借用《韩非子·五蠹》中的用语，将中国的历史划分为"上世史""中世史"和"近世史"，把黄帝以讫到秦统六国的历史名为上世史，秦一统后至清朝乾隆末年名为中世史，乾隆末年至今（《中国史叙论》1901年出版）名为近世史。这种划分遵循中国古代的文化和政治的历史发展脉络，基本上符合了中国历史发展的阶段特征。夏曾佑先生在1902年出版的《中国古代史》中，根据历史的演化，将中国历史划分三期，即"上古""中古"和"今古"。自梁启超和夏曾佑两位先生之后，这种划分方式逐渐成为史学界的惯例。20世纪30年代初，章嵚先生在其《中国通史》中依据政治和文化的形成与发展阶段将中国历史分为上古（黄帝至战国末期）、中古（秦朝至唐朝末年）、近古（五代时期至明朝末年）和近世（清朝至民国初期）四个阶段。根据这种历史划分，文化史学界对中国文化的形成与发展也做了类似的历史划分。如陈登原先生在其1937年出版的《中国文化史》一书中，根据文化工具的不同、学术思想的歧义、政治经济的变迁、民族社会的转易将中国文化史进行了五个时期的划分：上古（有史—秦初）、中古（秦初—五代末）、近古（宋初—明末）、近代（明末—清末）、近世（清末—今）。钱穆先生在《中国文化史导论》中根据中国历史上完成的两大功业——"民族融合"与"国家凝成"，从中国历史实态出发，归纳了政治制度的历史分期："禅让制度"的"唐、虞时代"；"王朝传统制度"的"夏、商时代"；"封建制度"的"西周时代"；"联盟制度"的"春秋时代"；"郡县制度"的战国末期以降。基于前人的研究成果，冯天瑜先生认为文化的发展具有自己所特有的阶段性，他指出："中国文化具有独自的发展脉络。这种脉络当然与王朝更替相关联，故中国文化史分期不可能全然脱离王朝系列；但文化进程又往往突破王朝界域，有着自身的发展序列，某些跨王朝段落，如周秦之际、魏晋南北朝之际、唐宋之际、明清之际、清民之际，以及某些朝代的中段，如唐中叶、明中叶文化都发生重要转折，或形成思想学术的高峰，故中国文化史的段落划分必然要突破王朝框架，按文化自身演变的阶段性做出分期。同时，中国文化的进程，日益广泛、渐趋深刻地与外域文化发生互动，梁启超将中国历史划分为'中国之中国'——'亚洲之中国'——'世界之中国'三个段落，是颇具概括力的。"根据文化自身发展轨迹，冯天瑜先生在《中国文化生成史》一书中对中国文化史做了四个历史分期，即史前文化、宗法封建文化、皇权文化和现代文化。并对其中的历史时期做了详细的界定：史前文化是指从采集到农耕，从原始人群到氏族共同体；宗法封建文化指夏商周三代；皇权文化是包括整个封建时期，从秦朝建立第一个专制主义中央集权的封建王朝到清朝末期；现代文化是指晚清以降的文化发展。综述所述对中国历史以及中国文化史的分期，借鉴冯天瑜先生的分期标准，我们把中国文化的早期生成阶段大致划分为三个时期：中国文化的萌芽（三皇五帝时期）、中国文化的形成（夏商周时期）和中国文化的定型（春秋战国时期）。

二、中国文化的萌芽：三皇五帝时期

文化实质上是"人化"，是指人化自然的过程，文化也是伴随着人类历史的发展而产生的。因此，文化是同人相伴而生的。但是，真正的文化是自有文字可考的时期开始逐渐形成的，汉字起源于先夏，成型于商代，演化传承至今。先于文字出现之前，中国已经出现了文化的萌芽，这在历史上被称之为"上古时代"，又称"远古时代"或"神话时代"，这一时期虽没有文字可考，但经过考古证明，中国的祖先已经在这一时期出现了带有文化象征的人类活动。

中华文明的源起经历了一个漫长的历史过程，它始于万年前的历史文明，经历了从氏族部落到封建国家的发展，最终经过诸侯之间的征战，发展为多元统一的文化帝国。中国文化也萌芽于万年前的那一历史时期。在这里，我们把这一时期成为三皇五帝时期。三皇五帝的说法，史学界一直没有统一的定论。关于"三皇"：《史记·秦始皇本纪》中记载为：天皇、地皇和泰皇；《史记·补三皇本纪》中将"天""地""人"三皇列为"三皇"；在《尚书大传》中是燧人氏、伏羲氏和神农氏；在《春秋运斗枢》中是伏羲氏、女娲氏和神农氏；而《三字经》中将伏羲、神农和黄帝统称为"三皇"。关于"五帝"，历史上也有不同的说法：《世本》《大戴礼记》和《史记·五帝本纪》中列黄帝、颛顼、帝喾、尧、舜为"五帝"；《礼记·月令》中以伏羲、炎帝、黄帝、少昊、颛顼为"五帝"；而《帝王世纪》中又视少昊、颛顼、帝喾、尧、舜为"五帝"。无论历史上对"三皇五帝"怎样的解释，这一时期都是夏之前的人类历史的萌芽时期，既有神话传说的成分，也有历史可考的成分。是"三皇五帝"率领民众开创了中华文明的上古时代。

神话自然不能当作史实来看待，但神话的流传及其内涵，实在是文化传统嬗变过程中自然而然的现象，不会凭空地产生。文献记载中有关"三皇五帝"的传说固然经过了历史的臆测和篡改，但揭开这层神秘的面纱，俨然能发现各种有价值的因素。"三皇五帝"是否真有其人？具体名号真正如何？我们不做历史考证，这实际也并不重要。我们可以将其看作中华民族的祖先在史前各个时期的不同文化象征，可以笼统地当作史前社会的某一氏族部落的首领，或是某一氏族部落的图腾，抑或是他们氏族部落的名号。这些氏族部落"随着社会生产的发展和人口的增加，氏族部落的不断迁移和相互交往的扩大，各个部落之间在某些时候、某些地方形成相反的利益，由此引起了各个部落的分化和组合、战争和联盟，逐渐形成为不同的民族"（郭沫若《中国史稿》）。这些民族就是中华民族的雏形。随着民族的融合和发展，中国早期的文化也开始应运而生。

史学界将人出现到文字以及金属工具发明之前的这段历史时期称为"石器时代"，其中又包括"旧石器时代"和"新石器时代"。"旧石器时代"尚处在一个蒙昧的时期，是古猿向人类进化的最初阶段，开始有了工具的使用和简单的石器制作。从元谋人到北京人，再到山顶洞人，以及距今约7000多年前的四川资阳人都从属于这一时代。文化的产生就源于这一时代，产生于从猿到人的演变过程之中。"有了人方有文化创造。在距今300万年前，灵长类开始进化为双手解放出来的直立人，波澜壮阔的文化史自此发端"。罗蓓、孙晓阳在其主编的《中国传统文化通论——文化生成与学科融通》一书中指出旧石器时代火的使用，将人与动物彻底地区别开来，使人真正意义上成为人，人类所特有的文化也正是从这时悄然开始，火的使用不仅具有物理学意义上的成就，更是具有划时代意义的一项文化创造。火的发现以及广泛的应用和多方面的实践正是揭露出了文化史的真实面目，中国古代的"钻木取火"便是切实的写照。火的出现在人类演进以及人类历史的发展过程中有着重要的地位，恩格斯曾精辟地指出："就世界性的解放作用而言，摩擦生火还是超过了蒸汽机，因为摩擦生火第一次使人支配了一种自然力，从而最终把人同动物界分开。"火作为生产和生活工具的出现，但又不同于其他的一般工具，就其产生本质属性而言，已经包含着人类的意识活动了，是人类物质文化的开端，更是文化起源的直接标志。

随着人类的发展进入新石器时代，无论是物质文化的发展，还是观念文化的丰富都进入到一个空前的时代。此时，人们不再是简单地从事采集和狩猎活动了，开始转向了农耕，并伴随着家畜的养殖。"农耕经济的确立，使人类不再单靠自然赐予，而可以通过社会经济再生产过程同生物自然再生产过程结合，获得较为丰富可靠的生活资料及生产资料供应，得以养活从事政治、文化等非生产性活动的人群，文化史因此跨入新纪元"。经过后期的考古发掘，人们已经发现了大量新时期时代人类活动的遗址：彭头山文化（约前7500—前6100），裴李岗文化（约前7000—前5000），磁山文化（约前6000—前5500），大地湾文化（约前5800—前5400），新乐文化（约前5500—前4800），赵宝沟文化（约前5400—前4500），北辛文化（约前5300—前4100），河姆渡文化（约前5000—前4500），大溪文化（约前5000—前3000），马家浜文化（约前5000—前3000），仰韶文化（约前5000—前3000），红山文化（约前4700—前2900），大汶口文化（约前4100—前2600），良渚文化（约前3400—前2250），马家窑文化（约前3800—前2700），屈家岭文化（约前3000—前2600），龙山文化（约前3000—前2000），宝墩文化（约前2800—前2000），石家河文化（约前2500—前2000）。这只是列举了其中具有一定代表性的新石器时代文化遗址，根据苏秉琦先生对新石器时代中国文化区域的划分，我们可以大致将新石器时代划分为6个文化区系或文化圈：(1)以燕山南北、长城地带为重心的北方；(2)以山东为重心的东方；(3)以关中（陕西）、晋南、豫西为中心的中原；(4)以环太湖为中心的东南部；(5)以环洞庭湖与四川盆地为中心的西南部；(6)以鄱阳湖—珠江三角洲一线为轴心的南方。这些文化区系或文化圈之间既自成体系，又交相辉映，敲响了我国丰富多彩的民族文化和地域文化的前奏。如分布于黄河中下游的仰韶文化，是母系社会的繁盛时期，出土的人面鱼纹彩陶盆标志着中国古人彩陶技艺的繁荣；如长江中下游的河姆渡文化遗址中出土的木浆，说明人类已经从陆地走向了水域；再如太湖流域的良渚文化，出土了大量的精美玉器，表明中国的玉文化早在远古时代就已产生。

"三皇五帝"的远古时代或上古时代，文化已经伴随着人类的演化在悄然地受到滋养，并逐渐开始萌芽。有学者基于众多的考古资料，将这一时代的氏族部落根据文化遗址发掘的分布为三大文化集团：华夏文化集团、东夷文化集团和苗蛮文化集团。黄土高原是华夏集团的发祥地，后又沿着黄河顺势而下，向东扩展，大致分布于仰韶文化和龙山文化区域；其中，华夏集团内部又有黄帝和炎帝两个分支。东夷文化集团主要分布在山东、河南和安徽境内，大汶口文化、龙山文化等分布区都属于东夷文化的范畴，如蚩尤、后羿等都属于这一集团。鄂、湘、赣一带的大溪文化和屈家岭文化都从属于苗蛮文化集团，如果将这一范围向东拓展，良渚文化和河姆渡文化也从属于这一文化集团，伏羲氏、女娲氏都是这一文化集团的主要代表。这些集团部落之间的兼并战争和相互融合，造就了中国文化的雏形，对后世文化格局的形成和发展产生了深远的影响。先是黄河流域的华夏集团同东夷集团之间的战争，最终黄帝和炎帝的部落联军在逐鹿打败了东夷集团的蚩尤，从而使得炎黄部落之间的融合。继而，经过阪泉一战，黄帝打败炎帝，炎帝败向东南方，至此，黄帝的势力范围遍及中国的北方和中部大部分地区，以黄帝为代表的华夏文明诞生，经过后期对东夷集团和苗蛮集团的连续征战，并取得连续的胜利，从而确立了华夏文化在中国文化历史演变过程中的主流地位，华夏民族也成为中华民族的主要部分。

三、中国文化的形成：夏商周(西周)时期

"三皇五帝"时期，中国文化虽然迈出了一大步，但是依然属于原始部落的原始文化，图腾崇拜、巫术文化等还控制着人们的精神世界，这一时期中国文化的萌芽也同其他民族的原始文化大致相同，可以说是还没有完全脱掉"自然发生的共同体的脐带"，也没有形成民族特色的文化表征。直至夏商周时期，中国文化才开始形成，有别于其他民族的中国传统文化的特殊面貌才开始形成。夏、商、周是中国早期历史上的关键时期，有文字记载的信史在这一时期开始，国家在这一时期产生，影响中国历史进程的许多文物制度也是在这一时期奠定的。正如冯天瑜先生所言："文化史上进入'文明'阶段的标志有三：文字发明与使用、金属工具发明与使用、城市出现。夏商周三代这些成果纷然呈现。随着社会生产力水平的提高，部落联盟首脑权力日益膨胀，夏禹以后，首领禅让转为世袭，标志着原始社会的解体和国家的诞生，而巫觋的专职化，其文化功能扩大与加深，昭示着文明时代来临。"自距今 4000 多年的夏朝开始，以及随后的商朝和周朝，中国早期的古典文明开始渐入其辉煌时期。青铜器取代了石器，成为新时期的象征，因此，这一时期也被史学界称为"青铜时代"。

由于历史年代的久远，夏商周三代的历史状况还有许多存疑之处，但通过考古发现，可以简单地勾勒出夏商周三代文化领域的基本特征，冯天瑜先生将此阶段的文化特征大致归结为四点：(1) 大量的青铜器、祭坛、宫殿等在广袤的土地上出现，这标志着古代中国正式跨入了文明的门槛。这一时期同古文献记载中的夏朝大致相当。在豫西和晋西南等地的考古发现印证了这一点，揭开了中国早期文明(夏朝)的神秘面纱。(2) 中国青铜时代的技艺特点，如铜锡合金和块范筑法等，都富有中国文化的特点，器物的作用类型也都与西方文明乃至南亚文明有所不同，饱含中国传统文化的精神萌芽，形成了富有自身特色的青铜文明。青铜器首先更多的是被用作礼器，规范着中国古代森严的等级秩序，象征着王权的至高无上。其次被当作兵器，用于对内对外的战争，维护政权的稳定和国家的统一。而不是像古代的西方，如罗马、希腊等那样，除了制造兵器以外，就主要用于生产工具的制作。这一区别昭示着中国率先具备了伦理文化，中国文化中的重视伦常也源于此。(3) 二里头等夏朝遗址发现了大量刻画符号的陶器。殷墟出土大量的甲骨文形态相当复杂，应当是经过了漫长的演化过程，而夏朝的陶文正是其先驱。由于出土的夏朝的陶文数量有限，且大多难以破译，因此，此时尚未脱离传说时代的影子。而到了殷商时期，大量的甲骨文的发现以及破译，可以说中国至此方进入的信史时代。有了历史可证的文字记载。(4) 殷商西周已经出现了具有中国特征的文化痕迹，此时神权至上影响广泛，祖先崇拜尤为繁盛，天、地、人三大祭祀活动十分发达。

由于夏文化文献不足证，尚处于转型时期，我们在此姑且不论。自商朝开始，中国正式进入了有文字记载的信史时代，凭借着商人的甲骨文，我们能够对商朝文化历史的发展进程有了更多的了解。位于山东半岛的渤海湾地区是殷商之人的发祥地。最初的商人主要从事于"游耕农业"，因此，商朝的都城一再迁徙，商中后期，为挽救统治危机，继位者盘庚将都城迁于殷(今河南安阳)，史称"盘庚迁殷"，故商朝又被称为"殷商"。殷商时期宗教意识

极为浓厚，整个社会都弥漫着原始宗教的气息，"尊神重鬼"是这一时期文化的一大特点，神学观念在整个商朝社会占据着崇高的地位。正如《礼记·表记》中所记载："殷人尊神，率民以事神，先鬼而后礼，先罚而后赏，尊而不亲。"在殷商之人眼中，神的地位是至高无上的，人世间的所有安排都是神的指令，都要依据神的意愿行事，一切听命于神的安排。郭沫若先生指出："大抵至上神的观念殷时已有之。年岁的丰嗇，风雨的若否，战争的成败，均为所主宰。"殷商之人通过占卜来决定自己的行为举止，人完全附庸于神。考古学家在河南安阳小屯的殷墟中发现了十多万片甲骨，几乎全是祭祀和占卜的记录，足见殷商之人尊神重鬼风气之盛。殷商时期已然出现了专门的文化官员，由于此时盛行"学在王宫"，各种典籍文献以及历法、医学、占卜、历史等书籍都藏于王室之中，因此，便衍生出了巫、史、祝、卜等专职文化官员。其中"史"是最具典型的文化官员。"史"始设于商朝，早期是驻外的武官，经过发展后来成为商王左右掌管祭祀和记事的官员，现在出土的一些殷商之人的典籍文册便是出自史的手笔。商朝的史分为多种，有"大史""小史""西史""东史""作册"等，这些官员有负责起草文书的，有负责记载史事、编写史书的，有掌管国家典籍的等等，同时，还可以发表意见，提供策略，"掌官书以赞治"。"巫、史、祝、卜是第一批较正式的文化人，他们从事卜筮、祭祀、书史、星历、教育、医药等多种文化活动，并参与政治，中国文化（尤其是精神意识领域）的许多门类，其起源都与之有关"。从考古挖掘出来的大量先秦文化典籍中可以发现他们的诸多踪迹，可见，这些"文化人"对中国文化早期的发展做出了突出的贡献和不可磨灭的印记。

在夏商文化基础上发展出来的周文化，开启了从"神本"向"人本"的转化。西周文化在经历了巫觋文化、祭祀文化之后发展为礼乐文化，从原始宗教进化到自然宗教，进而又发展出伦理宗教，这对于孔子和早期儒家思想的产生奠定了坚实的思想基础。西周在殷商崇尚天帝和的基础上，将本族的祖先与天帝关联在一起了，创造出了"天"的观念。同殷商时期一元化的祖先神有所不同的是，西周将祖先的世界同神的世界分离开来，分别属于两个不同的范畴。周人的"天"已经超脱于自然属性，成为至上神的统称。这时的"天"俨然成了整个中华民族的"保护神"，而不再是某一部落的"保护神"。周朝不像商朝那样将人世间的一切当作上天的安排，他们认为，自己是上天之子，秉承"天命"来治理人间世界，而且"天命靡常"，因此，上天只将"天命"授予有德之人。在此基础上，周朝统治者延伸出了"敬天保民""以德配天"等政治统治思想，从"天界"走向了"人间"。因此，周朝的宗教观念不是一元性的祖宗之神，而是天祖的二元崇拜，其中二者之间沟通的渠道就是"天神的拟人化和祖先的拟天神化"。二者之间的相互交流，形成了后世的"天人合一"等观念，同时也蕴含了德治主义、民本思想和忧患意识等，这些都深刻地影响着中国文化的进程。

从夏、商、周三代文化的演进过程中可以看出，三者之间的文化模式尚有所差别，都展现出了各自不同的特点。但是，夏、商、周三代之间也承袭着一些连续性的文化特征和精神内涵，它以黄河中下游地区的文化为主要继承，同时又在发展中统合了周边各个地域的文化特色，最终在西周时期开始定型。经过轴心时代的文化发展，中国文化朝着"敬德保民""重

"孝"的基本走向发展而去，成为中国文化所特有的精神气质。夏、商、周三代的文化演进，是一个以神为本的文化逐渐开始向以人为本的文化过渡，逐渐摆脱了人类思维水平、宗教信仰等的蒙昧阶段，从而奠定了中国文化的基本构架，中国文化的基因从此时开始正式形成。

四、中国文化的定型：春秋战国时期

东周末年，周天子势微，各路诸侯纷纷崛起，竞相征战，从公元前770年持续到公元前221年，是中国历史上一段大分裂的时期，也是一个百家争鸣、人才辈出、学术风气活跃的时代，这一时期确定了中国文化的基本走向，中国文化在此时定型。春秋因鲁国的编年史《春秋》而得名，这部书相传为孔子所修订的，但至今学术界尚存质疑，此书记载的是从鲁隐公元年（公元前722年）至鲁哀公十四年（公元前481年）。后史学界为方便起见，一般从东周立国，即周平王元年（公元前770年）时起到周敬王四十三年（公元前477年）或公元前476年为止，称为"春秋时期"。春秋时期之后是战国时期，这一时期大约从公元前476年左右直至公元前221年，此时各诸侯国混战不休，故被后世称为"战国时期"，这一称谓取自西汉刘向所编注的《战国策》。

春秋战国时期是中国历史上第一个大变革的时代，文化上也迎来了重大转型。就世界历史而言，大约在公元前600—200年间，世界各文明体涌现出大量的思想家、哲学家、宗教学家等，对后世的文明发展具有深刻的影响。"比如在古希腊，出现了赫拉克里特、巴门尼德、苏格拉底、柏拉图、亚里士多德等哲人；在伊朗，出现了祆教的开创者琐罗亚斯德；在巴勒斯坦，出现了以利亚、杰里迈亚等先知，后来又出现了耶稣；在印度，产生了《奥义书》，诞生了释迦牟尼；在中国，则出现了老子、孔子、墨子、孙子、孟子、庄子、荀子、韩非子等等"，这一时期产生的文化为后世的文化发展定下了基调，使得整个人类历史都似乎在围绕着这一时期运转，德国哲学家雅斯贝尔斯将这一时期称为历史上的"轴心时代"。这一时代的思想飞跃和精神塑造为以后的文化发展提供了不竭的动力。与此相对应，中国历史上老子、孔子、孟子等诸子百家出现在东周时期，即春秋战国时期，所以人们把这一时期称为中国的"轴心时代"，这一时代继器物文化和制度文化之后，又出现了思想文化的高峰，此后的中国思想文化的发展，就无法摆脱这一时代的影响。

这一时期文化的空前发展首先得益于春秋战国的社会危机，而百家思想的泉涌以及文化的再造正是得益于这种社会危机对形成的客观环境。春秋战国时期，铁器已经广泛地应用于生产工具的制作，中国历史已经从夏朝的石器时代、商周时期的青铜时代，进入了春秋战国时期的铁器时代，铁农具的出现使人类的生产工具得到改进，技术更加进步，物质生产活动有了极大的改观。在手工业和商业方面，由于铁制工具的出现，一些加工作坊拔地而起，这使得社会分工更加细化，这些变化一方面使新旧社会生产力之间的矛盾日益尖锐，另一方面又促使两个阶级的斗争日趋激烈，这都为社会的激变和文化的发展埋下了伏笔。此外，春秋时期，"井田制"遭到严重的破坏并逐渐瓦解。私有土地的合法性逐渐得到认可，中国历史开始产生封建社会的因子，出现了不同于奴隶社会的带有封建社会性质的阶级，由过去的贵

族和商人经过重构，转化为地主阶级，中国社会也开始从奴隶制转向封建制。与此同时，在政治方面，各诸侯国之间为了"争霸"，纷纷进行政治改革，时间从春秋时期一直延续到战国时期的整个历史阶段。各国经过变法改革，法律体系更加完善，任用制度更加开放，社会公平更加彰显，生产力亦得到进一步的解放和发展，这些都为文化的发展提供了思想基础，奠定了物质保障。正是种种社会变化，使得春秋战国时期，"天子失官，学在四夷"，原有的职业知识从官府中脱离出来，散落在民间，从侧面促成了诸子百家的兴起，为中国文化的定型注入了力量。

孔子、墨子、老子等都是诸子百家的重要代表人物，他们以其渊博的知识和深厚的热忱之情开创了各自的学术门派，宣扬着各自的思想学说，对宇宙、人生、社会、生死等各领域的问题发表着带有各自思想特点的议论和观点，并且还"述而有作"，形成了一批中国文化史上的元典型著作。经过诸子百家各具特色的创造，中国文化在各个方面都得到提升，深深地打上了民族的烙印，进而使中华民族最终的文化方向大致得以确定。中国文化也就是在此时定型，以致后世文化的发展演变都以此为范式和蓝本。

冯天瑜先生曾经指出："文化史上进入'文明'阶段的标志有三：文字发明与使用、金属工具发明与使用、城市出现。"与此相对应，我们可以把中国文化生成的标志归六个方面：(1) 诸子百家的诞生；(2) 文化元典的涌现；(3) 社会制度的建构；(4) 地域文化的生成；(5) 城市文化的出现；(6) 语言文化的形成。中国文化从萌芽阶段到最后的定型阶段，正是经历了这样一个从文化到"文明"的生成演变过程。从无文字可考的"神话传说时代"，到有文字出现的"半信史"时代，再到思想迸发、元典涌现的"信史时代"，中国文化的底蕴和内涵便由此生成，并始终内涵于中国文化的发展过程之中。

第二节　中国文化传统与现代化

传统文化是一个民族在历史长河中的积累和沉淀，是将一个民族联系在一起的精神纽带。中华传统文化历经奴隶、封建社会逐步走向成熟，是中华民族生生不息、发展壮大的强大动力。但在社会主义现代化建设进程中，中国传统文化与现代化出现了一些冲突。在改革开放和社会主义市场经济背景下，以马克思主义为指导，对传统文化进行梳理，取其精华，去其糟粕，使其尽快实现现代化，是当代中国人义不容辞的责任。

文化是人类与自然、社会以及人类自身长久相处交融形成的具有实践性、精神性的多层次复杂的表现形式。由于时间、地理、种族的不同，世界各民族的文化亦不尽相同。文化具有鲜明的民族性特质，它是一个民族长期发展的产物与基石，融入了民族的血液、精神之中，是一个民族生存的支柱与标志。文化在历史长河中经过千锤百炼沉淀下来，对于我们的生存和发展有重要的作用。黑格尔曾在《历史哲学》中指出："世界历史自身本质上是民族精神或国家精神的辩证法。"马克思、恩格斯在晚年反复强调,人类社会的进步并非只是生产力发展的结果,还要受到思想文化因素的制约。如果人们丧失了本民族文化传统,那这个民族也将随之消亡。中国传统文化是延续几千年而没有中断的文化,具有强大的生命力,且源远流长、生生不息。近代以来,由于中国的闭关锁国,中国文化渐渐与西方拉开距离。推进中国传统文化的现代化,是实现中华民族的伟大复兴不可或缺的,文化的现代化是中国现代化的必备要件。

一、文化、传统文化及其现代化的概念界定

自古至今,对于文化的定义多达上百种,但是并没有一种解释被普遍认可。从广义及狭义两方面来界定文化是普遍认可的做法。广义的文化包含三个层次,即物质文化、制度文化和精神文化,是指人类在发挥主观能动性认识世界、改造世界的过程中构建的社会价值系统总和。狭义的文化仅限于精神文化层次,是指人类认识世界、改造世界的精神活动。传统文化是指在历史进程中形成和发展起来的、具有稳定形态的文化。传统文化是一个民族在历史长河中的积累和沉淀,体现了一个民族的价值取向和基本精神,影响着一个民族的生产生活方式,是联系一个民族的精神纽带。中国传统文化是指 1919 年之前的几千年中,在特定的历史背景和情况下形成、积累、传承下来的,至今仍然影响着人们生产生活方式的中国古代文化,包括儒家、法家、道教、佛教等多家思想。广义的则包括历史中形成的物质的、精神的、制度的各种事物。从狭义角度讲,包括历史中形成的思想观念、道德规范、意识形态等精神成果。文化现代化是人类社会从低级阶段向高级阶段发展的必然趋势。文化的现代化是一种特殊形式的现代化,是现代化的重要组成部分,是现代化的重要标志,包括意识形态现代化、思想观念现代化、制度文化现代化、文化信息化等。如果文化没有实现现代化,那么在实质上就没有实现现代化。在构建社会主义和谐社会的进程中,对于优秀传统文化的继承和发扬有着重要的现实意义。建设有中国特色的社会主义现代文化,既是社会主义市场经济的内在要求,也是建设社会主义现代化的重要课题。

二、中国传统文化现代化的进程

(一)中国传统文化的特征

中国传统文化源远流长,博大精深,这与其独特的自然地理环境,经济、政治基础密不可分。中国地域广阔,东西共跨 5 个时区,南北跨越热带、亚热带、温带多个气候带。由于各个地区、民族生产生活条件的差异,形成了丰富多样的中国传统文化。中国古代社会以自给自足自然经济为主,中国传统文化是在自然经济的基础上发展起来的,属于农业文明。由于地理环境的不同,我国存在着彼此密切联系的不同的文化形态,使传统文化更加多姿多彩的。同时,政治制度也对传统文化有一定的影响,长达两千年的封建宗法专制制度塑造出的"家国同构""忠君""孝悌"思想已经浸入中华民族的骨髓,成为中国传统文化不可分割的一部分。

（二）中国传统文化的发展

中华传统文化源远流长，纵向上可以划分为史前、夏商周、春秋战国、秦汉、魏晋南北朝、隋唐五代、两宋、辽夏金元以及明清文化。每个文化时期都有其鲜明的历史特征和文化气息。到了晚清，中国传统文化遭遇了西方文化的挑战，中国在列强的侵略下沦为半殖民地国家。此时，国人才慢慢地认识到，中国传统文化与现实有许多不适应处，于是开始学习西方先进文化，在近代掀起了"洋务运动""维新运动"和"五四运动"等，并提出"中体西用""西体中用"等主张，希望将中国建设成一个近代民主国家。20世纪初，以李大钊、陈独秀为代表的早期中共党人将马克思主义引入中国，为中国救亡图存指明了前进方向，从此中华文化从由衰微走向复兴。中国共产党坚持以马克思主义为指导，兼容并蓄，面向世界，立足本民族，继承传统，迈向未来，建设起中国特色社会主义优秀文化。

三、中国传统文化现代化的困境

在社会主义现代化建设进程中，中国传统文化与现代化的冲突越来越多，使得中国传统文化的现代化陷入一定的困境。

（一）中国传统文化存在的不足

中国古代社会以自然经济为主，从而形成重农抑商、听天由命、不求进取的心态。"不患寡而患不均"的小农生产思想阻碍中国商品经济和市场经济的发展，也阻碍了中国文化的现代化进程。在长期封建主义思想影响下形成的等级、特权和宗法思想，与现代社会是矛盾的，是不相容的，是阻碍文化发展的消极、落后的思想，应坚决地批判和摒弃。

（二）文化变革道路的曲折

在近代，由于受到西方文化的冲击，有些人开始盲目地向西方学习，全面否定中国传统文化，要求全盘西化。同时，保守人士故步自封，全面否定西方文化，盲目地坚持中国传统文化。两个极端思想的斗争也阻碍了中国文化的变革。这一现象产生的根源在于人们对于中国传统文化的理解不全面，没有一分为二地看待传统文化，从而没有形成正确的、符合时代潮流的选择。

（三）社会主义思想道德面临的挑战

市场经济本身存在的盲目性、自发性、利己性等缺点，对我国传统文化造成很大冲击。同时西方文化中的享乐主义、拜金主义、极端个人主义等思想也会对人们的思想文化观念产生不利影响。改革开放以来，随着经济的快速发展，人们的思想道德却没有跟上时代的步伐，出现各种违背道德、法律以至犯罪的行为，比如商业诈骗、走私漏税、贩假造假以及非法融资等违背社会良知、法律的行为，对社会产生很坏的影响，严重影响了社会主义市场经济的繁荣与发展。

四、中国传统文化现代化的道路选择

中国传统文化现代化，要根据我国文化的实际，应选好发展路径，这样才能使我国文化健康、持续的发展。

（一）坚持以马克思主义为指导

中国传统文化的现代化其实就是在马克思主义指导下，结合中国传统文化与社会实际，发展中国特色社会主义文化。发展中国特色社会主义文化，必须坚持马克思主义在意识形态领域的指导地位。胡锦涛在《中共中央关于深化文化体制改革推动社会主义文化大发展大繁荣若干重大问题的决定》指出，坚持中国特色社会主义文化发展道路，努力建设社会主义文化强国，必须坚持以马克思主义为指导，推进马克思主义中国化时代化大众化，用中国特色社会主义理论体系武装头脑、指导实践、推动工作，确保文化改革发展沿着正确道路前进。中国文化的现代化是在社会主义经济、政治基础上进行的，因此只能以马克思主义为指导，这是由我国社会制度、发展道路、我国文化发展规律、人民群众根本意愿决定的。同时马克思主义正确揭示了自然、社会和人类发展的规律，是科学的世界观和方法论，能够为人类发展和改造世界提供理论指导。

（二）正确对待传统文化和先进文化

传统文化包括优秀的文化和消极、落后的文化，对待传统文化应该批判继承，取其精华，去其糟粕。对传统文化中契合时代发展主题的、能够弘扬社会主义核心价值观的、传播正能量的部分，我们应该继承和发扬；对传统文化中不能适应时代发展要求的、消极腐化的、传播封建迷信思想的部分，我们应该对其改造或者剔除。优秀传统文化凝聚着中华民族自强不息的精神追求和历久弥新的精神财富，是发展社会主义先进文化的深厚基础，是建设中华民族共有精神家园的重要支撑。党的十八大报告中强调："建设优秀传统文化传承体系，弘扬中华优秀传统文化。"中华优秀传统文化核心理念可归纳为：天人和谐、道法自然、以民为本、忧患意识、自强不息、厚德载物、诚实守信、仁者爱人、尊师重道、和而不同、天下大同等。在中国传统文化现代化的进程中，我们应当以马克思主义为理论指导，科学严谨地区分中国传统文化中的精华与糟粕，去伪求真，去粗取精，为传统文化的现代化打下良好的基础。同时，要以发展的眼光审视文化，要站在时代的前列，引领文化的发展、变革与创新。文化的发展具有传承性，如果对之前的文化全面否定或摒弃，那现在的文化就会成为无源之水。建设中国特色社会主义先进文化，要扎根于中华民族优秀传统文化的土壤中，在继承中发展和弘扬传统文化。这对于建设社会主义现代化的经济、政治和文化，对于增强中华民族凝聚力，构建社会主义和谐社会，具有重要的意义。

（三）文化创新

创新是文化保持生命力和发展进步的重要保障。没有一种文化是脱离于传统文化的，现代文化需要从传统中吸取营养，在继承中发展；没有任何一种文化是照搬传统，文化的发展

需要新鲜血液，需要具有创新性。文化创新的一个必然要求是要体现时代精神，文化创新需要紧握时代的脉搏，体现时代主题。当今中国正处于大变革大发展的浪潮之中，复兴中华的中国梦正成为时代的主题。在文化领域，发展中国特色社会主义的先进文化，既要兼容并蓄，吸收外来的、世界的、未来的优秀文化元素，又要继承发扬，将中华民族优秀传统文化推向世界。同时应大力发展先进文化，要采用人民群众喜闻乐见的文化形式，发展积极向上、健康、体现社会核心价值观的文化。努力改造落后文化，坚决抵制腐朽文化。在文化建设中鼓励不断开拓、创新精神，提倡不同观点和学派的自由争论，坚持百花齐放、百家争鸣的方针，让文化创新蔚然成风，推动中国特色社会主义文化繁荣发展。在经济全球化的背景下，不同民族文化之间的相互交流、借鉴与融合，也是实现文化创新的一种过程。我们应面向世界，博采众长，以积极的态度对待外来文化，大胆吸收一切有利于我国文化建设的有益经验和优秀成果，在交流借鉴的基础上推出新文化，为人类文化发展做出本民族的贡献。

第三节　中国文化的精神品格

　　中国文化是世界上唯一五千年没有中断的文化。怎样解释这种文化现象？恐怕要到中国文化精神的优秀基因中寻找答案，这就是中国文化的精神品格。中国文化具有向上性、向善性和理性的精神品格。向上性是它的刚性，向善性是它的柔性，向上性和向善性都包含在理性之中。中国文化既有刚性又有柔性，刚性和柔性的统一就是韧性，或者叫弹性。外圆内方，刚柔相济是中国文化崇尚的境界。或许这就是中国文化具有强大生命力的根源。这也是我们对中华民族文化自信的源泉。

　　文化是民族的灵魂和血脉，文化的核心是其精神，文化贵在精神品格。习近平总书记说："中华文明源远流长，孕育了中华民族的宝贵精神品格，培育了中国人民的崇高价值追求。自强不息、厚德载物的思想，支撑着中华民族生生不息、薪火相传。"中华民族历经磨难而不灭，中华文化绵延五千年而不绝，根本原因在于它的"一以贯之"的中国文化精神，在于中国文化的精神品格。中国文化具有向上性、向善性和理性的精神品格，它们是中国文化的优秀基因，是中国文化强大生命力所在。

一、向上性：自强不息

　　内涵：中国文化有积极进取的精神和蓬勃向上的朝气。儒家经典《周易》对中国文化的向上性作了高度概括，《周易·象传》说："天行健，君子以自强不息。"既然天道是运行不止的，那么人就应该效法天，刚健有为，自强不息。孔子认为君子应当有刚强的品德，他说："刚毅木讷近仁"（《论语·子路》）。老子讲求制胜之道，要"柔弱胜刚强"（《老子·第三十六章》）。孟子认为刚性是"浩然正气"，他说："富贵不能淫，贫贱不能移，威武不能屈，此之谓大丈夫""其为气也，至大至刚"（《孟子·滕文公下》）。孟子的"浩然正气"激励了一代又一代的文人士大夫，大义凛然，慷慨赴命。南宋民族英雄文天祥，用英勇不屈的行为高唱了一曲《正气歌》。

表现：

使命感和担当精神。孔子生活在一个"礼崩乐坏""天下无道"的时代，他以恢复天下的秩序为己任，周游列国，奔走呼号。"士不可以不弘毅，任重而道远。仁以为己任，不亦重乎？死而后已，不亦远乎？"（《论语·泰伯》）强调知识分子要担当道义。他为了自己的崇高理想，"知其不可而为之"（《论语·宪问》）。到了孟子，他说："如欲平治天下，当今之世，舍我其谁也"（《公孙丑下》），对自己的社会责任当仁不让。荀子认为，天人相分，"天行有常"，人可以"制天命而用之"（《荀子·天论》）。《礼记·大学》把治国平天下作为儒家的理想。中国传统文化的担当精神激励了无数仁人志士。

求变求新的精神。君子不但要有理想，还要有智慧，要善于与时俱进。《礼记·大学》记载，商汤在自己沐浴之盘上刻有"苟日新，日日新，又日新"的铭文。时刻提醒自己，每天要更新思想，有新的面貌，常变常新，不能懈怠。为了求新，必须变革，反对因循守旧。《周易·革》说："天地革而四时成，汤武革命，顺乎天而应乎人。革之时，大矣哉。"当事物发展不顺利时，就要求变，就要调整，永远不能僵化。《周易·系辞下》说："穷则变，变则通，通则久。"为了适应变化，就要不断地学习。《礼记·中庸》说："博学之，审问之，慎思之，明辨之，笃行之。"

勇气。向上性还表现为奋发向上，不屈不挠，努力拼搏的精神状态。《周易·乾卦》说："君子终日乾乾。"《周易·文言》说："终日乾乾，与时偕行。"反复强调，君子应当勤奋不已，不能懈怠。孔子一生都"发愤忘食，乐以忘忧，不知老之将至"（《论语·述而》），鄙视那些饱食终日，无所用心，不思进取的人。孟子认为，君子要干一番大事业，必须磨炼自己，"天将降大任于斯人也，必先苦其心志，劳其筋骨，饿其体肤，空乏其身，行拂乱其所为也，所以动心忍性，增益其所不能。"并警告说"生于忧患而死于安乐"（《孟子·告子下》）。

价值。中国文化的向上性是中国文化的刚性，符合社会历史发展的要求。马克思主义认为，世界是按照其自身规律运动着的物质世界，认识规律，利用规律，推动社会发展，都需要发挥人的主观能动性。因此，社会发展需要自强不息的向上性精神。中国共产党提出的"独立自主，自力更生"的思想是中国文化在当代的弘扬。

二、向善性：厚德载物

内涵：中华民族是和善的民族，中国文化是追求善的文化。儒家经典《周易》对中国文化的向善性作了高度概括，《周易·象传》说："地势坤，君子以厚德载物。"意思是大地的气势厚实和顺，君子要像大地一样宽厚仁爱，有包容万物之胸怀。《礼记·大学》说："大学之道，在明明德，在亲民，在止于至善"，明确把追求善作为至高无上的理念。

表现：

博爱。仁是孔子的思想的核心，也是儒家文化的中心范畴，儒家的思想基础是人道主义。"樊迟问仁。子曰'爱人'"（《论语·颜渊》）。孔子从爱亲人推广到爱天下所有的人，"弟子入则孝，出则弟（悌），谨而信，泛爱众而亲仁"（《论语·学而》）。做到仁最简单的方法就是推己及人，"夫仁者，己欲立而立人，己欲达而达人。能近取譬，可谓仁之方也已"（《论语·雍也》）。"其恕乎，己所不欲，勿施于人"（《论语·卫灵公》）。孟子把孔子仁爱思想发展为性善论。孟子说："君子莫大乎与人为善"（《孟子·公孙丑上》），相信"人皆可以为尧舜"（《孟子·告子下》）。孟子说："亲亲而仁民，仁民而爱物"（《孟子·尽心上》）。由爱亲人而爱百姓，由爱百姓而爱惜万物。

仁政。爱人而爱民，仁民而仁政。早在西周初年，统治者就总结并吸取了夏商灭亡的教训，提出了"以德配天""敬天保民"的思想。认为统治者应当顺应民意，"民之所欲，天必从之"（《尚书·泰誓》）。爱民就要富民。孔子提出"富而后教"，要求对人民先"富之"后"教之"（《论语·子路》）。孔子主张德治或礼治。子曰："为政以德，譬如北辰，居其所而众星共之"（《论语·为政》）。主张以道德教化为治国的原则。孟子继承了孔子的德治思想，把孔子的仁发展为仁政，认为统治者实行仁政就是"王道"，反对以暴政为基础的"霸道"。孟子提出了民本思想："民为贵，社稷次之，君为轻"（《孟子·尽心下》），认为人民才是国家统治的基础。

贵和。中华民族崇尚和谐和平，中国文化充满了和平主义思想。孔子所说的"礼之用，和为贵"（《论语·学而》），集中体现了这种文化精神。孔子说："君子和而不同，小人同而不和"（《论语·子路》）。贵和必然尚中。儒家认为，要达到"和"的状态，必须保持"中"道。孔子说："中庸之为德，其至矣乎，民鲜久也"（《论语·雍也》），认为中庸是至高的德行。因为贵和，所以，中华民族有爱好和平反对战争的优良传统。孔子说："夫如是，故远人不服，则修文德以来之。既来之，则安之"（《论语·季氏》）。墨子主张"非攻"，反对侵略战争，认为一切侵略战争都是"不义"。

价值：向善性是德行，是中国文化的柔性，它符合社会历史发展的方向。马克思主义认为，人民群众是历史的创造者。一切为了人民，一切依靠人民，以人民为中心是历史发展的必然。中国文化厚德载物的向善性精神，归根结底是以民为本，是与历史发展的方向是一致的。中国共产党把全心全意为人民服务作为自己的宗旨，在新的历史时期，又提出以人为本，促进人的全面发展思想，是继承了中国传统文化的精神。值得注意的是，中国传统文化中的贵和尚中思想，对维护多民族国家的团结和统一曾起过积极作用。但它片面地强调"和"与"中"，有其保守的一面。中国共产党人用科学理论对它进行了改造。毛泽东说，事物的矛盾包含统一性和斗争性两个方面，同一性是有条件的、相对的，矛盾的斗争性是无条件的、绝对的。毛泽东还把它转化为方法论，他说："以斗争求团结则团结存，以退让求团结则团结亡。"斗争要坚持"有理、有利、有节"的原则。毛泽东说："人不犯我，我不犯人；人若犯我，我必犯人。"从而防止了善被恶亵渎，文明被野蛮践踏的历史悲剧重演，为维护公平正义提供了理论武器。

三、理性：遵道而行

内涵：理性，即讲道理。中国文化有一种理性的趋向。《周易》从天道引申出人道，就是理性精神的表现。孔子说："志于道，据于德，依于仁，游于艺"（《论语·述而》）。意思是君子应当有远大志向，一切思想和行为都必须合乎道德的要求，其核心就是仁。《尚书·周官》："论道经邦，燮理阴阳"。"道"与"理"，"道"与"德"紧密相连。《礼记》说："礼者，理也。"宋明理学吸收了佛道的智慧，赋予儒家道德学说以思辨性，从理论上论证儒家所主张的仁义道德的合理性。

表现：

以人为本。西周时期，统治阶级就认识到，"天视自我民视，天听自我民听"（《尚书泰誓》）。春秋时期，郑国子产说："天道远，人道迩"（《左传》昭公十八年）。认为天道离我们很远，但人道离我们很近，因此，应当重视人道。孔子不论鬼神，"子不语怪、力、乱、神"（《论语·述而》）。他教导弟子："务民之义，敬鬼神而远之，可谓知也"（《论语·雍也》）。老子的思想以"道"为中心，"故道大，天大，地大，人亦大。域中有四大，而人居其一焉"（《老子·第二十五章》）。老子的世界观中只有自然和人。

求道精神。"道"是中国文化中最基本最常见的概念。"道"本来指道路，后来逐渐抽象化为客观规律以及对规律的真理性认识。《礼记·中庸》就认识到，"君子遵道而行"。《周易·系辞》说："一阴一阳之谓道，继之者善也，成之者性也"。中国文化特别重视治国之道和人生修身之道。对于治国之道，孔子主张"为政以德"，孟子主张仁政，荀子主张"隆礼重法"；老子主张"无为"而治；《礼记·礼运》说："大道之行也，天下为公。"中国文化尤其重视修身之道，认为修身是治国的基础。孔子说："修己以敬""修己以安人""修己以安百姓"（《论语·宪问》）。孟子认识到修身对治国有重要意义，他说："天下之本在国，国之本在家，家之本在身"（《孟子·离娄下》）。《礼记·大学》认为格物、致知、诚意、正心、修身、齐家、治国、平天下是一体的，"自天子以至于庶人，壹是皆以修身为本。"求道、遵道精神是中国文化理性品格最鲜明的表现。

佛教的中国化。佛教传入后，长期受中国文化影响，到隋唐时期，与中国传统文化相融合，逐渐完成了佛教的中国化，形成了中国化的佛教。禅宗是最典型的中国化佛教。佛教的中国化就是把佛教思想融入我国古代儒、道两家的思想。禅宗融合中国儒家的人性论、道家的直觉主义思想等等，来解决佛教的基本问题，造就了中国特色的佛教。经过中国文化改造，佛教具有更加鲜明的理性精神、实践精神、人文精神。禅宗要从逻辑上解决三个问题：一是人能不能成佛，即成佛的根据问题；二是怎样成佛，即修行实践的方法问题；三是觉悟解脱的境界问题。

价值：中国文化的理性化符合认识的发展规律。马克思主义认识论认为，人的认识，就从实践到认识的过程来看，是在实践的基础上的辩证过程，认识采取了感性认识和理性认识两种形式，并需要从感性认识上升到理性认识。理性认识是对事物的本质与规律的认识，理性认识更深刻，对实践的作用也更大。中国文化的理性化趋向，由于时代的局限，并没有发展为科学。但它为走向科学作了文化心理的准备，当西方的科学传来的时候，很容易被接受。五四新文化运动中，中国很快接受了马克思主义。毛泽东把探索真理的方法概括为"实事求是"的科学方法，邓小平把它发展为"解放思想，实事求是"的方法论，为成功探索出中国道路奠定了基础。

中国文化具有向上性、向善性和理性的精神品格，三者之间是有内在联系的。向上性使得中国文化充满勇气，它为社会和文化发展提供了动力。向善性使得中国文化充满温情，它为社会和文化发展规定了人民性的方向。中国文化的向上性和向善性都包含在理性之中。中国文化既有刚性又有柔性，刚性和柔性的统一就是韧性，或者叫弹性。这是中国文化具有强大生命力的根源。由此可以看出，中国文化具有求真求智求善求美的禀赋，是当之无愧的优秀文化，能给人向善向上的力量。因此，中华文化能五千年不中断，并且在今天能够成为社会主义核心价值观的活水之源，能够为实现中华民族伟大复兴的中国梦提供强大的精神力量。

第四节　中国文化和坚定文化自信

文化自信是生活在特定文化中的民族在文化自觉的前提下，对自己的文化及其价值高度认同、精心守护和积极践行，对自己的文化创造力、文化生命力和发展前景满怀信心，是对文化自卑心理的克服和文化自负心态的超越，也是对执政党担当文化能力的高度信任。在当今中国，坚定中国文化自信，要讲清中华文化的发展历程以及在世界文化体系中的地位，增强国民文化自信的底气；充分阐扬中国文化的当代价值，增强国民对中国文化价值的认同感和对中华文化发展前景的信心；克服国民盲目乐观和文化自负的不良心态，为坚定文化自信涵养理性客观的文化心理；让国民明晓中国共产党对中国文化发展所作出的历史贡献，激发国民对中国共产党担当文化使命能力的信任。

文化对于人，犹如水之于鱼，空气和阳光之于自然生命。作为人为的程序和为人的取向有机统一的生命有机系统，文化是人之为人的根据，是人类特有的生存方式，是维系社会有序运行的程序和密码，是人与社会发展的内在机制，是人类实践智慧得以传承的符号和遗传系统。对于民族来说，文化是其身份特征、精神家园、灵魂血脉，是维系一个民族的精神纽带，是凝聚一个民族的精神力量。文化承载着一个民族的实践智慧和历史记忆，塑造着民族的品格，铸就着民族的灵魂，影响着民族的精神风貌和生存方式，支撑着民族的生存和发展命运。任何一个文化意识比较自觉的民族都会珍视自己民族世代创造和培育起来的文化，对自己文化的价值充分认同，对自己的精神家园自觉守护，对自己文化的前途充满信心。这种对自己民族文化的理性心态和坚定信念就是文化自信。

"文化自信是一个国家、一个民族发展中更基本、更深沉、更持久的力量。"文化自信也是事关国运兴衰、事关文化安全、事关民族精神独立的一个根本性问题。只有坚定文化自信，才可能具有奋发进取的勇气和发展创新的活力，才能在对外文化交往中，在世界风云激荡中站稳脚跟。当代中国要解决的最大时代课题是实现中华民族伟大复兴中国梦，要完成这一使命，离不开中华文化的智慧滋养、智力支撑和精神牵引，离不开中华民族高度的自信心，而自信心就源于文化自信。在当今世界文化格局中，中国文化无论在势能还是影响力方面都不处于优势地位，在全球化进程中，中国文化还面临文化帝国主义的渗透和挤压；在国内，由于近代以来中国文化艰难曲折的命运，文化自卑的心态以及文化虚无主义还有相当程度大的影响力。因此，坚定文化自信，将伴随中国人民实现民族复兴进程的始终。坚定文化自信，需要从以下几个方面做起：

一、讲清中华文化的发展历程以及在世界文化体系中的地位，增强国民文化自信的底气

文化自信的前提是文化自觉。对中国人来说，文化自觉就是对自己赖以生存的中华文化有自知之明，而且对其历史渊源、发展历程和未来前景有充分的认知。而文化自信的底气就源自中华民族五千多年文明历史所孕育的中华优秀传统文化，熔铸于党领导人民在革命、建设、改革中创造的革命文化和社会主义先进文化，植根于中国特色社会主义伟大实践。因此，坚定文化自信，必须讲清中华文化的历史渊源、发展脉络和基本走向以及在世界文化体系中的地位。

中国是世界文明古国之一，中国文化源远流长，有五千多年的悠久历史，在世界文化史上自成体系、独具特色，是世界几大原生文化体系中唯一未曾中断，绵延古今的文化类型。正如冯友兰先生所说："我国家以世界之古国，居东亚之天府，本应绍汉唐之遗烈，作并世之先进。盖并世列强，虽新而不古；希腊、罗马，有古而无今。惟我国家，亘古亘今，亦新亦旧，斯所谓'周虽旧邦，其命维新'者也。"

中华文化是多元一体的中华民族在谋求生存和发展的历史进程中创造和培育起来的，是以华夏农耕文化为主体和底色，逐步吸收融合游牧文化、印度佛教文化，接纳伊斯兰文化的基础上发展起来的。近代以来，虽然遭遇西方文化的冲击，但在中西文化冲突中，中华文化没有被吞噬，没有丧失自己的独特性，而是在剧烈的阵痛中实现了凤凰涅槃，从传统逐步走向近代。

五四运动以后，追求救亡图存的中华人民选择接受了马克思主义这一人类先进文化，为古老的中华文化注入了清泉活水。中国共产党在中华民族精神的支撑下，把马克思主义同中国革命的实际和中国传统文化结合起来，保存和延续了中华优秀传统文化的命脉，创造和培育了富有民族特色和时代气息的革命文化，为中国革命的胜利提供了智慧滋养、精神动力和方向引领，丰富了中国文化的内涵，也推动了中华文化从传统向现代的转型，实现了中华文化形态的嬗变。

1949年以来，尤其是改革开放以来，中国文化走上了社会主义道路。虽然在文化认知方面有过曲折，但在文化建设方面，我们始终坚守中国文化立场，不忘本来，吸收外来，面向未来，以优秀传统文化为根，以马（马克思主义）为魂，以西为用，建设面向现代化、面向世界、面向未来的民族的科学的大众的社会主义文化，使古老的中华文化焕发了生机和活力，既为中国从站起来、富起来到强起来提供了有力的精神支撑和文化诠释，也为发展中国家实现现代化奉献了文化智慧。

中华文化悠久的历史、深厚的根基，源远流长的传统、丰富的内涵、从多次灾难中挺立下来的生命力、在世界文化体系中的地位和国际影响力，正是我们坚定文化自信的底气。

二、充分阐扬中国文化的当代价值，增强国民对中国文化价值的认同感和对中华文化发展前景的信心

文化自信既是对自己拥有的文化及其价值的充分肯定和积极践行，对自己的文化创造力、自身文化生命力和发展前景的坚定信心和对自身优秀传统文化的坚守和创新，也是对文化自卑心理的克服和文化虚无主义的否定。

在民族历史时期，中国文化长期处于世界领先地位，同时受地理环境和文化视野的限制，中国人一致认为自己生活的世界不仅是地理位置上的"天下中心"，也是"文明中心"，因此，"华夏文化优越论"在相当长的时期是中国人的主流文化心态。但鸦片战争以后，中国遭遇了"三千年未有之大变局"，面对一系列的战争失败和西方工业文化的参照，中国人对自己民族文化的信念产生了动摇，文化心态经历了自负—自警—自救—自卑—自闭—自残—自贬—自觉的曲折历程。直到今天，面对文化帝国主义的渗透和挤压，崇洋媚外、文化自卑的心态和文化虚无主义的影响还没有完全克服和消除。因此，坚定文化自信，必须讲清中国文化的独特创造、精神品格、生命历程和对人类文明的贡献，充分阐扬中国文化的当代价值，增强国民对中国文化价值的认同感和对中华文化发展前景的信心。

中华民族是富有文化创造能力的民族。在五千余年的文明创造历程中，中华民族创造了博大精深、独具特色、自成体系、绵延古今的文化体系。正如张岱年先生所说："中国文化是中华民族对于人类的伟大贡献。独具特色的语言文字，浩如烟海的文化典籍，嘉惠世界的科技工艺，充满智慧的哲学宗教，完备深刻的伦理道德，共同构成了中国文化的基本内容。"

和世界其他现存的文化体系相比，中国文化具有自强不息的创新精神，厚德载物的包容精神，天人合一、道法自然的辩证法则，民胞物与、众生平等的生命伦理，崇仁贵和、尚德利群的处世原则，中庸之道的处事方法，诚实守信的立身之本，为政以德、以民为本的政治哲学，居安思危的忧患意识，尊师重道的教育理念，孝老爱亲的家庭伦理，协和万邦、天下大同的世界理想。中国文化之所以绵延古今，保持历史的同一性，与中国文化的精神品格和价值理念密切相关。

伴随着中华民族的形成、演进和发展，中国文化的发展有过辉煌、有过高峰，也有过曲折和低谷。在中国历史上，外族入侵，武力征服中原，进而建立政权的历史剧幕数次上演，对中国文化的发展造成严重的负面影响，但最终的结果是"征服者被征服"，即入主中原的民族最终被中华文化所融合，成为中华民族大家庭的成员。中华文脉历经劫难而不断，充分彰显了中华文化顽强的生命力。

人类历史已经从民族历史进入世界历史，即全球化时代，这既为中华文化显扬自己的风采和价值提供了舞台和历史机遇，也对中国文化的生命力构成严重的挑战。但文化的全球化绝不意味着文化民族性的泯灭、文化的同质化和西方文化的一统天下，而是意味着世界文化的形成和民族文化在冲突融合中再生。经过全球化的洗礼，中国文化必将迎来新的辉煌。

中华民族的内涵丰富、独具特色的文化不仅维系了中华民族五千余年的生存和发展，也为人类文明做出了重大的贡献。在唐宋时期，由于中国文化的传播和周边国家对中国文化的主动学习，形成了"东亚文化圈"，对韩国、日本和东南亚国家的文明进程起了重大的促进作用。美国汉学家德克·卜德在评价中国文化对人类文明的贡献时指出："中国对西方世界做出了很多贡献，这些贡献极大地影响了西方发明的发展。从公元前 200 年到公元 1800 年的这个千年，中国给予西方的东西，超过了她从西方得到的东西。中国文化西传的结果，甚至完全改变了我们的生活方式，成为我们整个现代文明的基础。"

中国文化不仅对人类文明做出了重大贡献，也蕴藏着化解当今人类生存困境的智慧资源。早在 20 世纪 70 年代，以研究世界文明史闻名于世的英国历史学家汤因比就提出了"21世纪将是中国文化的时代"的著名论题，并指出："世界统一是避免人类集体自杀的道路。在这一点上，现在世界各民族中具有最充分准备的是两千年来培育了独特思维方式的中华民族。"1988 年，联合国教科文组织在巴黎召开"面向 21 世纪国际大会"，75 位诺贝尔奖获得者在探讨 21 世纪科学的发展与人类面临的问题时，得出的结论之一就是："人类要在 21世纪生存下去，必须回到 2500 多年前的孔子那里去寻找智慧。"

西方学者对中国文化历史贡献和当代价值的论述既是对文化虚无主义最好的驳斥，也是我们克服文化自卑心理，坚定文化自信的充分的理由。

三、克服国民盲目乐观和文化自负的不良心态，为坚定文化自信涵养理性客观的文化心理

文化自信，绝不是故步自封、盲目排外和妄自菲薄。文化自信是自尊而不是自傲，是自爱而不是自负；是自豪而不是自大，是自省而不是自恋，是自警而不是自囚。审视当下国民的文化心态，不难发现，随着中国经济实力的增强和西方资本主义国家社会矛盾的激化以及西方文化弊端的充分暴露，在国民中，尤其是在知识界，一种以文化自信面目出现的"中国文化救世论"的优越感悄然兴起，这种盲目乐观和自负自恋的心态是有悖和有害于文化自信要求的。因此，坚定文化自信，必须讲清中国文化的现实境遇，摈弃妄自尊大、盲目乐观和自负自傲的不良文化心态。

文化自信缘于文化自觉。文化自觉，一是指对自己生活于其中的文化有自知之明。二是指在对自身文化有自知之明的基础上，了解其他文化及其与自身文化的关系。乐黛云先生指出："我们所说的文化自觉首先要自觉到自身文化的优势和弱点，懂得发扬优势，克服弱点；其次要对过去条件下形成的旧文化，即传统文化进行新的现代诠释，使其得到更新，有益于今天；最后还要审时度势，了解世界文化语境，使自己的文化为世界所用，成为世界文化新构建不可或缺的重要组成部分。这才是对自己文化的全面地自觉。"

作为世界上唯一绵延古今、保持历史同一性的文化体系，中国文化有自己的优良品格、独特的价值理念，也蕴藏着化解当今人类生存困境的智慧资源。但像任何文化体系一样，今天的中国文化也有自己的弱点。中国文化在走向现代化的过程中，由于没有经历深度的理性

启蒙和系统的文化批判，文化遗产中的消极元素，例如，权力本位、等级观念和潜规则等还有很强的历史惯性。这些消极元素既在某种程度上窒息中国文化机体的生命活力，阻碍文化软实力作用的发挥，也在相当程度上损害国民的文化自信。

今天的时代是全球化的时代，全球化既为中国文化走向世界，展示自己的优秀成分、彰显自己的价值魅力，为化解人类生存困境奉献中国智慧提供了难得的历史机遇，也使中国文化的发展遇到严峻的挑战。由于马克思主义中国化的任务还没有完成，中国文化的现代化还没有实现，中国文化在形态和发展水平上与西方文化还存在着时代性落差。另外，中华优秀传统文化的传承不完全适应建设文化强国的需要，文化体制和机制在相当程度上还束缚文化生产力和文化的创新发展。在国际文化格局中，无论从势能、传播能力、话语权和国际影响力来看，中国文化都还处于相对弱势。由于中国坚持走社会主义道路，在社会制度、意识形态和价值观念等方面同以美国为首的西方国家存在本质的分歧，中国从富起来到强起来的历史进程中，一直遭受"中国崩溃论"和"中国威胁论"的攻击。因此，我们必须以理性客观的心态对待中国文化，在坚守文化立场的同时，学习和借鉴西方文化中的积极成分，优化中国文化结构，整合文化模式，推动中国文化现代化的步伐，在融入全球化的进程中，实现全面的文化自信。

四、让国民明晓中国共产党对中国文化发展所作出的历史贡献，激发国民对中国共产党担当文化使命能力的信任

新时代坚定中国文化自信既意味着中国人民对中国文化在世界文化体系中所处地位高度认知，对中国文化当代价值充分肯定，对中国文化发展前景充满信心，对中华民族文化创造能力深信不疑，也意味着中国人民对中国共产党领导文化建设和发展能力高度信任。

回望20世纪以来中国人文化心态的演进历程，可以发现，中国共产党担当历史使命，领导中国人民从站起来、富起来到强起来的历史进程也是中国共产党担当文化使命，克服文化自卑，从文化自觉走向文化自信的历史进程。在这一历史进程中，中国共产党为中华文化的传承和发展做出了重大贡献，也为新时代坚定中国文化自信奠定了良好的基础，提供了政治保障。

第一，为重振中华民族的文化信心和坚定中国文化自信提供了坚实的国力基础。"文化兴国运兴，文化强民族强"。但从另一方面讲，文化的兴衰、国民的文化心态始终是与国家的命运和民族的兴衰联系在一起的。没有民族的独立、国力的强大和经济的繁荣发展，国民的文化自信就无从谈起。中国共产党是在中华民族积贫积弱，饱受欺凌，文化心态从自负、自警、自救走向自卑的文化背景下登上历史舞台的，中国共产党在民族精神支撑下，肩负起救亡图存这一历史使命的同时，也以高度文化责任感担起了自己的文化使命。经过97年的不懈奋斗，中国共产党既领导中国人民从站起来、富起来走向强起来，也为延续和发展中华文化提供了政治经济基础，为重振中华民族的文化信心奠定了心理基础。

第二，为中国文化注入了清泉活水，促进了马克思主义与中国传统文化的融合，推动了中国文化从传统向现代的转型。马克思主义"吸收和改造了两千多年来人类思想和文化发展中一切有价值的东西"，是人类先进文化成果的集中体现。中国共产党是马克思主义政党，

在担当民族使命的进程中，中国共产党把马克思主义这一人类最先进文化的思想、精神和方法同中国革命、社会主义建设和改革开放的实际相结合，为中国革命、建设和改革开放的胜利奠定了思想文化基础。正是因为中国共产党人对马克思主义接受、宣传、研究、运用，才使马克思主义在中华大地落地生根、开花结果，深度地融入中国人的精神生活，从而促进了马克思主义与中国传统文化的融合，丰富了中国文化的内涵，推动了中国文化的转型。

第三，在传承弘扬中华民族精神的同时，创新培育了富有时代气息的文化精神，既激发了民族精神的巨大能量，也推动了民族精神的现代转型。民族精神是民族文化的核心与灵魂，是一个民族在谋求生存和发展的历史进程中表现和培育出来的富有生命力、彰显民族精神气象的优秀思想，是一个民族共同的价值观和精神支撑，是一个民族凝聚力的思想基础和生存发展的动力源泉。中华民族在五千多年的文明进程中，培育了以爱国主义为核心，以自强不息、厚德载物、崇尚统一、乐观务实为主要内涵的中华民族精神，为中华民族应对各种挑战提供了深厚的思想基础和不竭的精神动力。中国共产党担当历史使命的进程中，在传承和弘扬民族精神的同时，自觉地把马克思主义的批判精神、科学精神、实践精神和人文精神同中华民族精神结合起来，培育了以红船精神、井冈山精神、长征精神、延安精神、西柏坡精神、"两弹一星"精神和改革开放精神为主要内涵、富有时代气息和民族特色的时代精神，充分发挥了民族精神的文化功能，为中华民族从站起来、富起来走向强起来提供了强大的精神动力，也赋予了民族精神新的内涵，推动了中华民族精神的现代转型。

第四，领导中国人民创造和培育了红色文化和社会主义文化，为中华文化注入了新鲜血液，丰富了中华文化的内涵。创新是文化发展的灵魂和不竭动力，中华民族是富有文化创造能力的民族，正是因为中华民族在不同的时代根据特定的生活情境和社会需要不断创造新的文化元素和文化样态，中华文化才得以发展壮大、源远流长、辉煌灿烂。中国共产党在担当历史使命的进程中，不仅创造和培育了内涵丰富、多彩多姿、昂扬向上、催人奋进的红色文化和社会主义文化这样新颖的文化样态，鼓舞了中国人民夺取革命胜利和建设社会主义的斗志，激发了中国人民创建新中国、建设社会主义和推动改革开放的信心和豪情，形塑了新的国民性，也记载了中国人民从站起来、富起来走向强起来这一历史进程中的实践智慧和心路历程，从而丰富了中国文化的内涵，为中华文化注入了新鲜血液，优化了中国文化的结构。

第五，通过不断的文化反思和理性自觉，找到了继承和发展中华文化的智慧和方法，为中国文化的未来发展指明了方向。文化的发展有自身的规律，那就是继承和创新的统一，吸收与融合的统一。近代以来，中国人的文化心态之所以经历那么曲折的历程，五四运动以来的文化保守主义和文化激进主义之所以在文化发展观上失之偏颇，就是因为对文化发展的规律缺乏理性的认识。中国共产党在担当历史使命的进程中，不断总结经验教训，深化对文化发展规律的认识，从马克思主义中找到了传承和发展中华文化的智慧和方法，先后提出"汲取其精华、剔除其糟粕"的方针，"不忘本来、吸收外来、面向未来"的原则和坚守中国文化立场，建设面向现代化、面向世界、面向未来的民族的科学的大众的社会主义文化，为中国文化的未来发展提供实践遵循，指明了发展方向。

习近平总书记在党的十九大报告中指出："中国共产党自成立之日起，既是中国先进文化的积极引领者和实践者，又是中华优秀传统文化的忠实传承者和弘扬者。当代中国共产党人和中国人民应该而且一定能够担负起新的文化使命，在实践创造中进行文化创造，在历史进步中实现文化进步！"20世纪以来中国历史的演进逻辑和中国人文化心路历程昭示我们：没有中国共产党的历史使命担当，中国人就不可能终结文化自卑的心境，在中国特色社会主义进入新时代的今天，坚定中国文化自信，就有充分的理由高度信任中国共产党领导中国文化建设和发展的能力。

第五节　中国文化的本质特征及其形成

文化是不同地域的人们创造出来的物质的和精神的财富。人类之所以不同于其他高智能动物，是因为人类的两大特点：一是人类会思维；二是人类会结群。前者叫思维方式，后者叫行为组织方式。讨论一个国家、一个民族文化的特点，应该从该国家、该民族群体的思维方式和行为组织方式入手。中国人在思维上的主要特征是整体的综合的思维方式，在这一基础上形成整体的和全局的思维观念。而在行为组织上的主要特征是以血缘和泛血缘化的方式结合为社会群体，组织社会生活和社会生产。中国文化的这些本质特征大约萌发于五帝时代，形成于西周的分封建藩，春秋时期孔子将其理论化和系统化，进而向平民社会推广，使其发展成为一种全民的思维习惯和行为习惯。

讨论中国文化是一个热门话题，尤其是进入21世纪以来，这一讨论更为热烈，一度吸引了众多一流学者。笔者通过"中国知网"检索自20世纪80年代以来以"中国文化""中国传统文化"特征（点）为标题的几十篇文章，尽管各自对其结论概括和归纳的角度不同，如有的文章将其概括为五点、六点，有的归纳为七点、八点甚至十点，但总的来说，观点大同小异，在此就不列具体作者和篇名，只将其有代表性的观点概括如下：整体的经验型的综合的辩证的思维方式；天人合一，阴阳互补的宇宙观；家国同构的政治观；重视人际关系的伦理本位观；天下一家的和合交友观等。2015年，葛兆光先生在上海图书馆作了一个演讲，题目叫《什么才是典型的"中国"文化》，提出中国文化最具典型的特征有五：一是汉字的阅读、书写和通过汉字思维；二是"家"、家族、家国以及在这一社会结构中产生的儒家学说；三是"三教合一"的信仰世界；四是中国最有趣的阴阳五行；五是天下观念。葛兆光先生这篇文章属于有关中国文化特征研究的最新成果，影响很大。但这篇文章与以前学者的文章一样，也是采用归纳法、列举法来概述中国文化特征的。笔者认为，以上有关中国文化特征的归纳毫无疑问都是正确的，但这种用列举法、归纳法总结出来的结论是否全面可靠？人们会追问：为什么说这些就是中国文化的特征？是否还有其他特征没有归纳其中？在这些文化特征中，是否还可以提炼出一些起提纲挈领作用的本质特征？如果我们从中提炼了这样一些本质特征，那么，其他一些细节性的东西，是五点还是六点，是多一点儿还是少一点儿就不是十分重要了。因此，我想换一个思路，换一个角度对这一问题进行思考。

让我们回到问题的原点，即什么是文化。文化学者对文化的含义有上百种解释，但无论怎样解释，最基本的两点是无法回避的：第一，文化是人化，是人创造出来的物质的和精神的财富；第二，文化是有地域特色的。也就是说，文化是不同地域的人们创造出来的物质的和精神的财富。那么，文化既然是人创造出来的，无论是物质的，还是精神的，无非就是思维和行为的结果。人类之所以不同于其他高智能动物，是因为人类的两大特点：一是人类会思维，或者说，人类有远比其他灵长动物更为复杂的思维；二是人类会结群，即人类有其社会组织。前者叫思维方式，后者叫行为组织方式。当然，思维是第一位的，行为是第二位的，思维指挥着行为。而思维方式和行为组织方式又是受制于不同的地域环境的，即不同地域的人们有着不同的思维方式和行为组织方式，思维方式和行为组织方式决定不同地区的文化构成。张涛先生提到，"思维方式是一切文化的基础，思维方式的差异是不同文化体系的根本差异"。此言极为精准，不过我想说明的是：除开思维方式外，还有行为组织方式也属于民族文化的主要特征。马克思主义理论的创始人特别强调生产力、生产关系、生产方式对人类社会发展的基础和决定作用。因为我们所说的行为组织方式实际就是人们的生产关系、生产方式和生活方式。因此，笔者以为，讨论一个国家、一个民族文化的特征，从该国家、该民族群体的思维方式和行为组织方式入手，才算抓住了牛鼻子。这里，我们将思维方式与行为组织方式称为考察中国文化的两大抓手。

那么，中华民族在思维方式和行为组织方式上有着与其他民族哪些不同的特征呢？笔者认为，中国人在思维方式上（这里主要以西方民族作为主要参照物）的主要特征就是整体的综合的思维方式，在这一思维方式上构成的整体观和全局观；而在行为组织方式上的主要特征就是血缘和"泛血缘化"的结群方式，即以血缘和"泛血缘化"的方式结合为社会群体，组织生活和生产。

一、中国人的思维特征：整体的综合的思维方式

中国人喜欢站在整体和全局的角度进行综合思维，而西方人即重分解，重个体，喜欢用分析的方式来看问题。最能说明问题的是中医与西医的诊断方法，中医是将身体作为一个有机的整体来看待的，用的是辩证法，注意相互联系，认为人生病是整个身体的阴阳失调而在某个局部表现出来的结果。因此，中医反对"头痛医头，脚痛医脚"；而西医恰恰就是"头痛医头，脚痛医脚"。还有寄信写地址的顺序，中国人是先整体再局部，从大到小，即先写国家，再写省、市、县、乡、村；而西方人即从小到大。这很能说明中国人首先关注的是整体，是全局，然后再是个人自己；西方人首先想到的是个体，是自己，其次才是集体、国家。当然，中国人考虑问题，提出问题也有先小后大，先个人，后国家的，如《大学》就有："物格而后知至，知至而后意诚，意诚而后心正，心正而后身修，身修而后家齐，家齐而后国治，国治而后天下平。"这里的格物、致知、诚意、正心都属于个人修养的准备阶段，前几项是

为修身服务的，说的都是修身，说明修身的重要，然后是齐家和治国，最后是平天下。这里的顺序就是先个体后国家。但这恰恰是中国人整体和综合思维方式的另一种体现：所有个体都心系国家和天下这个整体，对国家和天下的事情，都要从自我做起，即做维护国家和天下利益的表率，而要做到这一点，就必须加强个人修养，抑制个人欲望，维护整体，即天下、国家的利益。这正是中国人整体观念和全局观念强的经典文献范本。

中国人整体和综合的思维方式的具体表述，笔者认为可以用12个字概括：尊重权威，拥戴核心，兼顾边缘。中国人历来就有很强的权威意识、核心意识。整体综合思维方式的要害就是拥戴一个核心，整体是在拥戴核心的基础上形成的，有了核心，才有凝聚边缘的能力和动力，边缘是在核心的基础上慢慢凝聚扩充而来的；而如果没有核心，也就无所谓边缘，当然也就没有整体。

整体的综合的思维方式，是中国人一切思维的起点和终点，是中国文化特征的总纲，其他所有特征都只是目，都可以被其统领于下。而上文所提到的学者们所归纳的中国文化的诸多特征都是从整体的综合的思维方式中演化出来的，下面让我们一一进行分析。先说辩证的思维方式，天人合一和阴阳互补的宇宙观。所谓辩证的思维方式，是一种以发展变化的视角来认识世界的思维方式，认为事物是发展变化的，万事万物是相互联系，相互影响的。从纵向来看，事物是发展变化的，任何事物有它的成长期、兴盛期和衰落期；从横向来看，事物都是相互联系的，如学界提到中国传统文化中的相互性价值观，即相互敬爱关系、相互和合关系、相互平等关系、相互包容关系和相互守信关系。这都属于辩证思维方式的组成部分。而辩证思维恰恰是整体思维的一种表现。我们将那种抓住一点，不及其余，好就是绝对的好，坏就是绝对的坏的看法叫作片面的、不全面地看问题，片面看问题就是站在个体的立场，局部的角度看问题，是以小及大的思维方式所导致的结果；而所谓看问题全面就是站在全局的角度，整体的角度看问题。所以说，辩证的思维方式正是整体和综合思维方式的一种表现，整体和综合的思维方式是辩证思维的起点和最终结果。换句话说，由于具有整体的综合的思维方式，才会辩证地去思考问题，而不是相反。

至于"天人合一"和阴阳互补的宇宙观，是因为农业文明时代的人们将天、地、人作为一个相互联系的宇宙整体来看待。阴阳五行注重的是整体，是全局，阴阳两面构成平衡，而金、木、水、火、土五种物质又相生相克，互相依存，又互相制约。同样，在这里，强调的是整体，而不是个体，只要任何个体的一方出现问题，整个体系就不能运转。还有，我们需要注意的是：不管是阴阳两面，还是金、木、水、火、土五行，它们之间的地位并不是绝对平等的，而是有一个中心。如阴和阳的中心是"阳"，"阴"属于从属地位，当然处于从属地位，不是可有可无，而是整体的重要组成部分。而五行的中心是"土"，因为"五行"是由东南西北中五方的方位所决定的，木生于东方，金生于西方，火生于南方，水生于北方，土生于中央。而中华祖先的五帝就是这样拥戴出来的，黄帝是五帝之首，所以黄帝德"土"，其他依次是东帝、西帝、南帝和北帝，共同拥戴黄帝中心，这正是整体的综合的思维方式下的产物。

再看家国同构的政治观，或者说家国同体的思维方式。家国同构，或者说家国同体，同样可以归结到中国人整体和全局的思维方式中去，是中国人整体思维的结果。家国，是说国是在家、家族的基础上逐步扩大而成的。那么，家族为什么会扩充为国家，它依靠的纽带是什么？这又是与中国在原始社会末期，即黄帝时期就形成的礼制体系有关，而这一礼制传统又被孔子所继承，发展为后世的儒学体系，宗法制传统。这正是葛兆光先生所说的"家、家族、家国以及在这一社会结构中产生的儒家学说"。这是中国人整体思维，全局观念的源头。宗法体系萌发脱胎于部落联盟时代的胙土分封和原始部落宗教，完善于西周周公所主导的分封体制。关于胙土分封，《左传·隐公八年》载："天子建德，因生以赐姓，胙之土而命之氏。"也就是说，古代在胙土分封的同时，也就产生了最初的姓氏，有了自己的领地和姓氏，也有了自己所祭祀的祖先神灵。这一套礼制体系是因西周完善的分封制而得以建立的，到孔子时代，终于发展为一套礼制学说。而无论是原始部落时代的胙土分封，还是西周的分封制，抑或是孔子的儒家学说，整体的综合的思维特征是十分明显的。《春秋》是孔子的史学代表作，充分表明了他尊周的正统观念，就是在"礼崩乐坏"的大背景下，希望所有的诸侯国极力维护宗周这个核心，所谓"春秋笔法"，微言大义都是在维护宗周的核心地位。所以说，儒家学说正是整体的综合的思维方式的结果。

至于中国人的天下观念更是整体和综合思维方式的集中表现。这一观念，最早应该来源于《诗经》的"普天之下，莫非王土，率土之滨，莫非王臣"。"天下"观念视天下为一个整体，而这个"天下"均在周天子统辖之下，所有诸侯国都是整个天下的分子，宗周是整个天下的中心，即周天子居住的京畿、京师，因此，京畿又叫"中国"，即"中心"之国，整个天下都要服从这个中心，但中心同时必须顾及四方，这就是"五服"体系。所谓"五服"，就是对五种诸侯的一些制度约束："邦内甸服，邦外侯服，侯、卫宾服，蛮、夷要服，戎、狄荒服。甸服者祭，侯服者祀，宾服者享，要服者贡，荒服者王。日祭、月祀、时享、岁贡、终王，先王之训也。"但西周对诸侯推行的是文德政治，越是亲近的诸侯要求越严，而对荒服的戎狄只要他认同周天子的尊主地位，不反叛就可以了；同时如果诸侯有了越出制度约束的举动，周王首先找自己的原因："有不祭则修意，有不祀则修言，有不享则修文，有不贡则修名，有不王则修德，序成而有不至则修刑。"这应该是"先德而后刑"的最早规定。所以，"中国"天下观念是一种主动服从中心的自觉行为，是"中国"所拥有的高度文明对四周边缘具有强烈吸引力的产物。

还有，葛兆光先生说的用汉字进行思维当然也是中国文化的一大特点，但与中国人的整体思维比较，有大小之分。汉字只是一种思维工具，思维与语言同步，早于文字产生。几千年来，中国人之所以使用方块字进行思维，恰恰与中国人的整体思维方式有重大关系。当然，方块汉字作为思维工具反过来有利于中国人进行整体的综合的思维，而整体的综合的思维方式又维持了汉字几千年不变的地位。汉字有一个重要特点，就是形象、声音和辞义三位于一体，不比拼音文字，形象、声音和辞义三者是相互分离的，说明汉字是整体的综合思维下的产物。这一特点保证了近4000年前的文字，现在的人还能够认读，从而对中国文化能够延续几千年而不中断起到重要作用。

另外，中国人还有一个与西方人决然有别的重要传统，就是中国人追求统一，西方人却崇尚分裂，这是因为西方人崇尚自由，强调个人主义，不愿意服从权威。与欧洲相比，中国从西周开始就是一个统一整体，发展到清王朝构成一个更大的统一体。整个中国古代的发展趋势是从统一走向统一；而欧洲的历史却是逐步走向分裂的。我国秦汉帝国与西欧罗马帝国所建立的时间大致相等，而汉帝国瓦解之后，尽管有过魏晋南北朝和辽夏宋金较长时期的分裂，同时在这块原有的土地上，不断建立起新的统一帝国，晋、隋、唐和元、明、清帝国；罗马帝国瓦解之后，到公元六世纪中叶，日耳曼民族也曾建立起一个强大的法兰克王国，到公元八、九世纪之际，国王查理曾一度基本统一了欧洲大陆，但到查理死后，子孙们为争夺政权和土地相互斗争，国家从此四分五裂，再也没有能够建立起新的统一帝国。到十六、十七世纪随着近代资本主义势力的兴起，西欧曾陆续出现了一批统一的民族国家，但这些统一国家，实际上就好比我国战国时期秦、楚、齐、赵、魏、韩等诸侯国一样，是在原有分裂的基础上形成的民族国家，与中国在清朝形成的新的中华民族统一体的国家是完全不同的。也就是说，法兰克王国瓦解以后，欧洲就再也没有重新统一的内在动力，其结果是无休止的分裂，后来在近代陆续形成的民族国家是对法兰克王国大分裂的一种民族法理的认同。而中国与欧洲大陆差不多相等的土地面积，中国是一个整体，即一个统一的民族国家，而西欧却有四十多个国家和地区。尽管欧洲于1993年建立了欧盟，但也只是一个临时的松散的组织，随时有瓦解的可能，现在英国脱离欧盟就是一个证据。也就是说，中国文化与以欧洲为代表的西方文化相比，其最大不同，中国文化追求统一，而西方文化崇尚分裂。中国几千年的发展历史，追求统一是一种历史趋势，是一种人心所向。中国历史上当然有分裂，分裂伴随而来的当然是民族冲突，但冲突之后即是民族融合；分裂当然有野心家在起作用，但绝大多数的情况下，是中华民族多元一体格局发展的必然，是边缘受中心地域的影响不断地试图融合到中心来的表现，当边缘文化与中心文化的融合完成之后，就必然走向统一，而这正是中国人整体的综合的思维的一种最具体的表现形式，是边缘拥戴中心，中心兼顾边缘所产生的结果。

葛兆光先生提到的"三教合一"的信仰世界，实际也是整体思维的结果，"三教合一"的信仰世界是一种融合为一体的信仰体系。儒释道三教，你中有我，我中有你，构成一个有机的整体。而西方人在信仰上非此即彼，一人绝不同时信仰两种宗教，中国人即能够将各种思想融会在一起，构成一个新体系，这正是整体的思维方式在思想信仰上的表现。至于学界提到的天下一家的和合交友观等属于一个文化融合问题，这还与中国人的行为组织方式有关，因此，放到下一个部分进行分析。

二、中国人的行为特征：血缘和"泛血缘化"的组织方式

下面谈一谈中国人的行为组织方式。人类生活在世界上，必须结成一定的关系才能生活下去，这就是马克思历史唯物主义所说的生产关系。"物以类聚，人以群分"，是说的不同人群，以一定的纽带联系起来，不同文化的人群采取的社会组织形式和生产生活方式是不同的。费孝通先生在《乡土中国》中提到了中国人与西洋人不同的结团方式，说西洋的社会有

些像我们在田里捆柴，几根稻草束成一把，几把束成一扎，几扎束成一捆，几捆束成一挑。每一根柴在整个挑里都属于一定的捆、扎、把。每一根柴也都可以找到同把、同扎、同捆的柴，分扎得清楚不会乱的。而中国的社会格局像把一块石头丢在水面上所发生的一圈圈推出去的波纹。每个人都是他社会影响所推出去的圈子的中心。他给中国人这种结团方式起了一个名，叫"差序格局"。费先生认为，西洋人的群团关系清清楚楚而不混乱，但中国人群团关系的界限却比较模糊且可以无限延伸。从理论上来说，中国人是可以将全地球上的人结为一个群团的。尽管越到后来，其维持这一群团的纽带越松弛，但理论上却有这种可能，而西洋文化却不具备这一点。

那么，中国人维持这种群团关系的纽带是什么呢？是血缘，中国人家庭、家族观念特别重，宗族制度贯穿整个中国历史。在中国古代，所有生产生活方式都是以宗法制的形式进行的，家庭、家族、宗族是古代基层社会的全部。再从精神生活的最高形式：宗教信仰来看，中华民族的宗教是祖先崇拜。牟钟鉴先生提出：我国古代的正宗大教是"宗法性传统宗教"，它以天神崇拜和祖先崇拜为核心，以社稷、日月、山川等自然崇拜为羽翼，以其他多种鬼神崇拜为补充，形成相对稳固的郊社制度、宗庙制度，以及其他祭祀制度。这一信仰形式可以用"敬天法祖"四个字来进行概括，其核心就是祖先崇拜，而祖先崇拜的纽带就是血缘。这种宗教也可以称为血缘宗教、祖先宗教。这种以宗族血缘为特征的正宗大教是在华夏部落宗教的基础上发展而来的，带有原始文化的痕迹，《国语·楚语下》记载了观射父所述"绝地天通"故事，这一故事就提到原始社会时代的祝、宗等宗教人士就是专门负责敬天祭祖的职业人士。

我们再反观世界上其他宗教信仰与我国明显不同。比如基督教和佛教是明显脱离血缘和世俗生活的。基督教认为，尘世是一个罪恶的世界，要想脱离罪孽，就必须加入基督教，成为天父基督的儿子，入教必须履行一个仪式，接受洗礼，表明与尘世的彻底决裂，脱离与其生父母的关系，这在观念上当然导致血缘关系淡漠。佛教文化也一样，中国人当和尚叫出家，就是抛弃家庭，彻底脱离与父母与家庭的关系。当然，西方文化在原初时期也是重视血缘因素的，如恩格斯在《家庭、私有制和国家的起源》一书中用专章来论述罗马的血缘氏族关系，他说："亲属关系在一切蒙昧民族和野蛮民族的社会制度中起着决定作用。"但世界其他民族的宗教文化都是在突破原始文化的基础上发展起来的，如基督教起源于公元一世纪，伊斯兰教迟至公元七世纪才得以形成，佛教最早，也只是公元前六世纪诞生的。所以，尽管血缘因素也是这些民族的原始文化基因，但由于他们的文化在后来的民族冲突中出现了断裂，中断了其对原初文化的继承，因此，只有中华民族文化因其连续而未中断发展，使血缘关系作为人际交往的纽带，成为中国人最为本质的文化特征之一。

不过，自然的血缘纽带还不能完全解释中国人所有群体行为。因为从理论上来说，中国人可以将整个世界联系成一个超大群体，而血缘方式只能够解决小群体的连接纽带，不可能解决大群体之间的关系。真正能解决大群体关系的是一种"泛血缘化"的组织方式，又可以叫拟制血缘关系。所谓"泛血缘化"，就是将血缘关系的结团方式推向非血缘关系的人群，使血缘扩大化。"泛血缘化"方式更是中国人在人际交往方面区别于其他族群的主要特点，是我们祖先在生产生活实践中创造的属于中国文化中最具有本质特征的又一元文化。我们知道，学界在进行中西文化比较时，一致将西方文化称为"契约型"文化，中国文化叫"伦理型"文化。林其锬先生在此基础上提出了中国人社会关系网络的"五缘"文化概念，所谓"五缘"，即亲缘、地缘、神缘、业缘和物缘，是说中国人喜欢以这五种关系组成社会群体。而这五种社会关系结成的群团，亲缘是基础，是以血缘作为联系纽带的；而其他四缘即是以拟制血缘，即"泛血缘化"的方式作为连接纽带的。

中国古代自东周以降遍布民间的结义兄弟，孔子3000多弟子的学缘群团，墨子门下数百徒弟的手工业行会群体组织，都是以"泛血缘化"的方式构建起来的；还有东汉末年的桃园三结义、北宋水泊梁山108头领的聚义活动，以及明清以降遍布全国各地大中小城市的各色会馆及工商行会组织，清末民初的各种帮派和会党莫不以"泛血缘化"的形式结成群团。而孔子的仁者"爱人""泛爱众而亲仁""己所不欲，勿施于人"的"推己及人"原则以及孟子的"老吾老，以及人之老，幼吾幼，以及人之幼"的仁政理想，以自己的亲人为起点，将仁爱依次扩及世界所有人，其所依据的就是中国"泛血缘化"的行为组织方式。习近平主席提出的构建"人类命运共同体"的倡议已被写进联合国决议，而"人类命运共同体"正是对我国传统的"协和万邦""和而不同""天下一家"观念的新诠释，其价值理念即来源于中国先民"泛血缘化"的行为组织方式。

最能说明中国人具有血缘与泛血缘化行为组织方式特征的，是两大只属于中华民族的历史文化现象：一是中华民族多元一体格局的形成，二是中华民族文化作为世界上唯一延续5000年发展而未曾中断的古老文化。前者说的是中华民族文化融合的特点，这在世界民族融合史上是具有独特性的，这也与学界所称的中国人具有"和而不同"的和合文化理念相一致；后者更是一个举世公认的历史文化现象。而这两大历史文化现象之所以形成，均与中国人行为组织方式的血缘和"泛血缘化"特征有重大关系。学界对中华民族融合有一个共识，就是文化标准优先于血缘标准。这不是说只重视文化标准，不重视血缘标准。当民族融合还没有完成，血缘还容易分辨的时候，血缘还是很看重的，但一旦民族融合深入发展，文化便提上日程，血缘即退居次要地位。因此，在民族血缘和民族文化二者之间，文化最终具有决定地位。重视文化，就是重视先进文化的优先价值，认同自己为先进文化民族群体的一员，进而改变自己的血缘认同；而先进文化族群一旦发现文化后进群体认同自己的文化时，也就认同后进文化族群的血缘附会，所谓"夷进于中国即中国之"就是此理。这正是一种典型的"泛血缘化"的行为组织方式，而中华民族多元一体格局正是在这种行为组织方式的基础上融合而形成的。

而我们说，中华民族文化延续5000年而不中断，更准确的说法，不是不中断，而是中断之后还能够接续下来，即后世的异族王朝自觉认同前朝的文化，做前朝文化的继承者，甚至为了认同前朝文化，不惜去冒认前朝统治者的祖先为自己的祖先，而这正是"泛血缘化"行为组织方式的具体表现。王希恩说："我们讲民族具有血缘性，除了一部分真实之外，更大部分是出于认同需要的'血缘拟制'。"如兴起于公元前3世纪的匈奴族，在族源寻找上，硬要说自己是夏后氏的后裔。十六国建立的后赵政权的刘渊说自己是刘邦之后。鲜卑慕容氏称自己先祖为有熊氏之苗裔。氏族出身的前秦，即称"其先盖有扈氏之苗裔"。后秦的姚羌政权也称其先为有虞氏之苗裔。北魏王朝在书写自己的国史《魏书》时也冒认黄帝为自己的远祖，而其中对有关拓跋部落族源的记载贯穿着一种长期颠沛流离，最后终于返祖归宗的悲壮情怀。拓跋鲜卑这样煞费苦心编造自己族源的目的，是争中华正统，要争正统，又必须加速汉化改革，最后被融合为汉民族的一员，北魏汉化改革的最大成果是统一的隋唐王朝的崛起，从而将中断发展的文化延续下来。正由于后来的统治民族对前朝统治民族文化的认同，才使得中国文化能够源远流长而未中断发展。

综上，无论是中华民族多元一体格局的形成，还是中华民族文化几千年不中断的连续发展，都是中原的中心和熔炉地位所起的作用，是中原文化的独特魅力，而这一文化魅力之根正是华夏先祖整体和全局的思维方式和血缘和"泛血缘化"的行为组织方式所铸成。

三、中国文化本质特征的形成

那么，中国人这种整体和全局的思维方式以及血缘、泛血缘的行为组织方式的特征大约形成于何时？笔者认为：萌芽于五帝时代，形成于西周，春秋时代开始走向理论化和系统化。首先分析中国人思维方式的形成。中国人整体的全局的思维方式的源头可以追溯到黄帝占有中原。黄帝打败炎帝，占有中原，创造了当时最为先进的、远高于四周族群的礼乐文化，从而成为四周族群顶礼膜拜的中心，"中国"概念自此形成。

"中国"这一语词到底形成于何时，学界有争论。于省吾先生认为产生于武王时期，其证据就是"何尊铭文"中的一段铭文："唯王初宅于成周……武王既克大邑商，则廷告于天曰，余其宅兹中或（国）。"杨宽在《西周史》，葛剑雄在《统一与分裂：中国历史的启示》中均遵从这一说法。胡厚宣先生则根据卜辞中有中商与东西南北并贞而认为殷商时期有了"中国"概念，而苏秉琦先生即认为五帝的尧舜时代已经产生了"中国"的概念。其实，这些争论没有太大的矛盾。因为于省吾、杨宽、葛剑雄与胡厚宣等先生的证据是文字资料，而苏秉琦先生所说的是指"中国"这一概念在言语上的诞生，并指出当时的"中国"是万邦时代一个不十分确定的中心。作为文字上的名称是要远落后于概念和观念的诞生的。从各种历史文献记载来看，"中国"概念诞生于黄帝至尧舜时期应该是说得通的。

但也有人认为，华夏先民将自己的居住之地称为"天下之中"没有什么奇怪的，如章太炎先生说："中国之名别于四裔而为言。印度亦称摩伽陀，为中国；日本亦称山阳，为中国，此本非汉土所独有者。"田继周先生也说："任何民族和国家，在其初期发展阶段，由于受天文和地理知识的限制，总把自己的居地视为'天下之中'，我国'五帝'和夏时，当然也存在这种观念。"这种说法当然是正确的，但其他民族的这种现象只存在原始文化诞生的一段时期，而中华民族的"中国"概念却一直保留下来，最后成为中华民族所有成员的祖国的名称。如日本尽管原初有"山阳"的文化中心概念，但后来遭遇更为先进的中华文明之后，本土的这一概念就消失了，反尊重中国为文明中心。因此说，我国最早称中原地区为"中国"不仅仅是中原人自己的称呼，更是几千年来周边文明对中原的他称，这与民族的形成一样，费孝通先生说：民族的族称，是先有他称，然后才有自称的。"中国"这一名称的出现确实是因为中原诞生了远高于四周族群的文化和文明，正由于此，尽管其他民族和国家在早期文明发展中，可能有自称为文化中心的地区，但他们的这一称呼未能长期保留，而我们"中国"这一称呼却能够流传几千年而延续下来，成为一种独特的文化标志。同时，正因为"中心"是四周族群推举的结果，因而有了"中心"，也就有了四方，有了边缘，整体的综合的思维方式逐渐萌发。也正由于"中国"最初与"中原"是同义词，所以后世有人说"中国"是一个地域概念，一个文化概念，而不是国家概念。其实，应该说古代的"中国"最初确实是一个地域概念，文化概念，但同时也是一个政治概念，因为它也是最早的京畿所在地，"中国"就是"中心之国""中心之都"，是一个政治中心，正是在"中心之国"和"中心之都"的基础上逐步演变为民族和国家概念的。

如果说我们可以将这一思维的文化源头追溯到五帝时期的话，那么，对这一思维的形成具有决定性的制度源头应该还是西周分封制的建立。这是因为：第一，西周是中华民族文化第一个发展周期，华夏文化的鼎盛时期，如果说黄帝所创造的礼乐文化还非常原始和粗糙的话，那么，西周时代已发展得非常完善和精致了。第二，到西周时期，"中国"的位置已经正式固定下来，并成为四方诸侯国朝贡的中心。前文提到，在五帝至殷商时期，"中国"的地理位置并不固定，或在晋南，或在殷，西周战胜殷商，尤其是周公东征，镇压武庚叛乱之后，全面推行分封制度，营建雒邑，"中国"的地理位置才正式固定下来。《史记·周本纪》："成王在丰，使召公复营雒邑，如武王之意。周公复卜申视，卒营筑，居九鼎焉。曰：'此天下之中，四方入贡道里均。'"以雒邑为中心的分封制度是一个天下制度，将地理上所有的人都看作周王的臣民："普天之下，莫非王土；率土之滨，莫非王臣。"《礼制》规定的"五服"体系就是基于这样一种理念，依据离宗周距离的远近来决定其依附的程度，进而辨认敌友。这是一个虚拟的体系，除开知道中心是宗周，叫作"中国"外，谁也不知道"五服"的边界在哪里。没有绝对的边界，也就没有绝对的敌人，只有远近亲疏不同的朋友，但却有非常明确的中心、非常明确的拥戴对象。葛兆光先生也说：古代中国的空间虽然边缘比较模糊和移动，但中心始终相对清晰和稳定。既然有了拥戴的中心，就有了整体观念，全局观念。西周被视为天下大一统的开始，春秋战国是中国历史上的第一次大分裂时期，这个分裂来自西周的统一。"天下一家"观念就是整体和综合思维的结晶。如果说西周建立的分封从制度上确立了宗周的中心地位的话，到春秋时期，孔子在《春秋》中提出了"大一统"理论，进一步强固了宗周为天下共主的观念。所以说，中国的整体思维和全局观念从制度因素来看，至少是在西周灭殷，营建雒邑，实行全面的分封制度之后便全面形成了。到春秋时代，通过孔子学理上的阐述而得以传布于整个社会层面，随着后来儒学地位的独尊，这一思维和观念不断得到强化。

下面再来考察中国人血缘和"泛血缘化"行为组织方式的形成。西周与夏商在思想界一个最大的不同就是有了历史反思，即反复总结夏、商作为曾经不可一世，号称"天命永存"的帝国，为何后期那样不堪一击。反思的结果：认为夏商后期的君王放弃道德修养和主观努力，导致政治治理混乱，从而被上天收回成命，于是得出天命不是永恒的思想认识。因此，要想自己的统治长治久安，就必须既重视天意，又体恤下民，尊重人事，在此基础上，西周君臣提出了"敬天保民"这一思想史上的重大命题。这个"民"既可以理解为与贵族、君主相对的平民百姓，又可以理解为与天神相对的"人"。那么，"保民"就是说西周统治者既要勤政为民，加强个人修养，发挥自己的主观能动性，又要体恤下层人民的利益，尽可能照顾更多的社会群体。后世称西周的这种政治体制为"文德"政治，西周分封制的建立就是以这一理念为基础的。那么，西周的分封制就必然是一种全面开放的制度，他要尽可能地将更多的族群团结在自己的周围。如果将大量异姓诸侯排除在这一体系框架之外，肯定要出大问题，这是因为在灭殷的过程中，异姓诸侯是出了大力的，如姜太公吕尚就是一个大功臣。而《论语·泰伯》记载孔子赞扬文王："三分天下有其二，以服侍殷。"就是说在周文王时代，作为西部的诸侯姬周就得到了当时三分之二的诸侯国的拥护，所以，当武王伐纣时，"不期而会盟津者八百诸侯"。这些诸侯主要是异姓诸侯。因为这时，周还没有成为中原共主，还不可能分封大量同姓诸侯。同时，瞿同祖先生也根据马端临《文献通考》"封建考"指出：周的同姓国有 54 国，异姓诸侯国也有 45 国，而姓氏不详者有 34 国，那么，所有诸侯国加起来，春秋时代还有 132 国。可知异姓诸侯人数可能还多于同姓诸侯。也有古书上说周武王初分封诸侯国有 1733 个。皇甫谧《帝王世纪》也说："武王伐纣之年夏四月乙卯，祀于周庙，将率之士皆封诸侯国四百人，兄弟之国十五人，同姓之国四十人。"这一切都说明为周打天下的异姓诸侯是相当多的。过去，在谈到西周的分封制时，过分强调其同姓诸侯数量，忽视了异姓诸侯的数量。这主要是受到《荀子·儒效》说周"兼制天下，立七十一国，姬姓独居五十三人"的影响。也许，实际情况可能并不如荀子所说。当然，我们不否认西周分封的核心是同姓诸侯，但同时我们也应该看到异姓诸侯的分量。

因此，西周的分封制度就必须是一种能够将同姓和异姓诸侯都维系其中的制度体系，于是周公在分封制中创立了宗盟体制，在血缘宗法制的基础上创造性地提出了拟制血缘，即"泛血缘化"的人际关系网络。王震中在分析商周时期的思想变革时说道："从周初开始，周人(特别是周公)在把对天的崇敬纳入礼制框架时，提出敬天保民的理念，并由此导致从商代注重'人神关系之礼'发展为周代注重'人际关系之礼'……以周公为首的周初统治者，在把商代"人神关系之礼"改造为周代"人际关系之礼"的过程中，最重要途径即抓手是引入"德"的理念和规范，形成天命与德治、天命与民意相结合的辩证统一。这应该就是中国文化重视人际关系的最初源头，而这种人际关系主要就是用来协调周天子、周王室与分封诸侯之间的关系，同姓诸侯适用于血缘网络，而非同姓诸侯即适用拟制血缘关系，即"泛血缘化"网络。血缘关系是一种自然关系，是天道；而拟制血缘关系是一种人为的关系，是人道。这又与"敬天保民"的价值观念相吻合。

宗盟体系的建立，有效地将所有族群笼络在西周政权之下。如果说滥觞于西周分封建藩的宗盟制度是将"泛血缘化"的人际关系推行于上层贵族社会，是一种政治实践的话，那么，孔子即完成了两大创建，一是将"泛血缘化"的行为组织方式上升到理论层面，这就是"仁学"的"泛血缘化"理论的形成；二是将"泛血缘化"这一人际关系网络向平民社会推广。而其理论提升和实践推广的平台首先就是他的私学学生群体。我们知道，孔门弟子有3000多人，来自各个诸侯国，为了调整这一复杂群体之间的关系，他将血缘关系模式推广到师生和师兄弟之间，建立起拟制的血缘关系，"四海之内皆兄弟"就是拟制血缘关系在孔门弟子之间运用的最好说明。孔门师徒将血缘关系向拟制血缘关系转化，其坚持的原则是"仁爱"理论。仁义礼节首先运用于自己亲属内部，然后逐步向外扩展，及于天下之人。但如果血缘亲属中有人违背了"仁爱"准则，就会被驱除出血缘关系网络；而非血缘关系的成员之间也可以血亲兄弟视之，建立起拟制的血缘关系。《论语·颜渊》章所记载的关于孔子、子夏对司马牛因亲兄弟桓魋背叛有恩于自己的君主而产生的烦恼所做的思想调解工作的三段语录就是其师徒对仁学泛血缘化理论最为具体的实证讨论。首先是司马牛三番五次地向孔子讨教"仁"和"君子"问题，而孔子分别以"其言也切"和"君子不忧不惧"来回答，并向司马牛直承，对于桓魋这样不仁不义的兄弟，没有又何妨，意思就是要其断绝与桓魋的兄弟关系。而当司马牛发出"人皆有兄弟，我独无"的感慨时，子夏即以"生死有命，富贵在天""四海之内皆兄弟也，君子何患乎无兄弟也"进行劝慰，其意是我们都可以是你的兄弟，你还怕没有兄弟吗？从而全面完成了"仁"学由正式血缘向拟制血缘即"泛血缘化"的理论转化。从此以后，整个中国古代，如果说，被皇权认可的乡村治理主要依赖于具有血缘性质的宗族、宗法组织的话，那么，盛行于江湖社会的便是带有浓厚"泛血缘化"特征的各种非正式组织。

第二章　高校文化建设的理论研究

第一节　现代高校文化建设

　　文化是民族的血脉，大学文化是大学的灵魂。在国际化进程中加强大学文化建设既要保持民族情怀又要具有国际视野，内外兼修。保持民族情怀要注重构建以传统优秀文化为核心的物质与精神文化，坚定社会主义理想信念，加强爱国主义教育；具有国际视野要求大学教育开放自由、包容多元、批判创新、以人为本。

　　文化是民族的血脉，是人民的精神家园。全面建成小康社会，实现中华民族伟大复兴，必须推动社会主义文化大发展大繁荣，兴起社会主义文化建设新高潮，提高国家文化软实力，发挥文化引领风尚、教育人民、服务社会、推动发展的作用。大学作为文化发源与传承的重要集散地，加强大学文化建设，对于学生成长、对于国家复兴都具有重大意义。胡锦涛总书记在党的十七大报告中指出："中华文化是中华民族生生不息、团结奋进的不竭动力，要全面认识祖国传统文化，取其精华，去其糟粕，使之与当代社会相适应、与现代文明相协调，保持民族性，体现时代性。"在文化建设中处理好民族性与时代性的关系至关重要，既要"守土"，又要"拓疆"，如何处理好民族性与时代性的关系，十七届六中全会上《中共中央关于深化文化体制改革推动社会主义文化大发展大繁荣若干重大问题的决定》中给出了很好的答案：百花齐放、百家争鸣、继承创新、兼收并蓄、博采众长。

一、加强大学文化建设，提高育人效果要保持民族情怀

　　当今时代，全球知识经济时代已经来临，科学技术是体现国家硬实力的主要标志，文化成为衡量国家软实力的重要指标。发展先进文化，是对国际形势的科学把握，在政治多极化、经济全球化、文化多元化的国际背景下，以民族精神为核心的大学文化建设，关系到文化育人效果，也关系到大学和民族未来发展的方向。

　　保护珍稀传统资源，构建大学物质文化内涵。物质文化建设是构建大学文化的关键，大学物质文化的体现形式和渲染形式更多的是通过环境建设来体现的。每一所大学都有其历史的发展，从建立到发展到成熟的过程，校园中无数物质环境见证其风雨经历，一棵苍松，一件文物，一栋建筑，一塑雕像，都将成为大学文化的积淀。大学文化的建设离不开对大学物质文化的积淀和发扬。保护珍稀传统资源就是对大学物质文化建设最大的贡献。每一所大学

中都有许多值得纪念的资源，对于建筑类资源要加强保护，即使装修甚至拆迁也要尽量保持原貌，将古老的文化流传下来。对于纪念品、文物、古籍等资源可通过建立纪念馆等方式将其保存，供后人参观研究。物质文化是大学文化中看得见摸得到的，是大学文化最直接的体现。校园环境建设也是大学物质文化的重要体现，我们在保护珍稀传统资源的同时也要注重加强大学现代化设施建设，满足日益增长的教育教学需求。历史的积淀、优美的校园和现代的设施都将成为大学校园物质文化不可或缺的组成部分。

传承优秀传统文化，构建大学精神文化内涵。5000 年的文明史给我国留下了许多宝贵的精神财富，从夏商西周敬德保民阴阳五行，到春秋战国儒墨道法百家争鸣，从秦汉王朝同轨同文史记汉书，再到宋元明清诗词曲说书画科技，统一和谐，实事求是，以德治国等传统理念一直影响着当代大学文化建设。古老的历史，悠久的文化，勤劳的中华子女将其代代相传。21 世纪的今天我们依然有这样的责任将其传承。中国著名哲学家冯友兰在 20 世纪 40 年代中期总结中国文化发展时曾说："我国家以世界之古国，成东亚之天府，本应绍汉唐之遗烈，作并世之先进。将来建国完成，必于世界历史独特之地位。盖并世列强，虽新而不古；希腊、罗马，有古而无今。唯我国家亘古亘今，亦新亦旧，斯所谓'周虽旧邦，其命唯新者也！'"中华文化是世界最古老而又唯一没有中断，具有不断创新和持续发展生命力的文化。

但在近代以来，由于中国经济的落后和西方科技、经济的发展，在以西方为主体的现代文化建设中，东方文化逐渐失去了原有的优势。随着我们经济的腾飞，以及许多全球性问题的凸显，中国文化逐渐在国际上有了更多声音，中华文化对国际的影响力在不断加深，作为中华儿女，我们应当感到骄傲。大学是古老优秀文化的继承者与传播者，是新鲜先进文化的创造者与发扬者。文化是大学之魂，大学因为有了文化才更具发展动力。传承优秀传统文化是大学精神文化的关键，让中华儿女沐浴在祖先们创造的优秀文化之中，提高民族文化自信心，产生认识世界和改造世界的动力，珍惜当下，创造未来。越在国际化的今天，弘扬优秀传统文化就越发重要。

坚定社会主义理想信念，抵制西方文化侵蚀。19 世纪 40 年代以来，我国经历了历史上最惨痛的侵略，100 多年来，中国人民生活在外侵与内乱之中。100 年的时间也让历史对中国历史进行了重新选择，无数仁人志士在中国大地上抛头颅，洒热血，为救国难，为求国富民强而奔起四方，从孙中山到蒋介石，从毛泽东到邓小平，中国的命运此起彼伏，最终中国历史和人民选择了社会主义道路，在中国共产党的领导下，先后完成了民族的独立和国家的富强。然而西方国家一直没有放弃对这个新崛起大国的"侵略"，对这个最大社会主义国家的思想"改造"，由枪炮的侵略变成了思想意识的侵略。在国际化进程加快的这三十年间，更多的中国人看到了西方的先进，国内的落后，更多的人选择到国外求学甚至移居国外。文化是建立在国情土壤之上的，中国特色社会主义是当代中国发展进步的根本方向，集中体现了最广大人民根本利益和共同愿望，社会主义道路符合我国国情，西方文化是建立在西方国家国情基础之上的，不适合我国国情。西方文化侵蚀的力量在中国已经显现，大学文化建设必须坚定青年人社会主义理想信念，抵制西方文化的侵蚀。

加强爱国主义意识教育，引导理性爱国思维。在漫长的历史长河中，爱国主义始终是推动中华民族生生不息、不断进步的动力源泉。爱国主义是中华民族的精神核心，是中华民族团结统一的精神纽带，是中国五千年历史长河中各族人民共同形成的价值观念，是中华文化流传至今的最大动力。爱国主义推动着中华民族的发展。我国历史上曾建立过多次统一战线，国民大革命时期的民族统一战线、土地革命时期的工农民主统一战线、抗日战争时期的抗日民族统一战线、解放战争时期的人民民主统一战线、社会主义时期的爱国统一战线。爱国主义是中华民族最深厚的思想传统，最能感召中华儿女团结奋斗。在国际化进程中，大学文化建设要将爱国主义作为大学文化建设的核心，加强大学生爱国主义教育。2011年10月18日，中国共产党第十七届中央委员会第六次会议《中共中央关于深化文化体制改革推动社会主义文化大发展大繁荣若干重大问题的决定》提出，要广泛开展民族精神教育，大力弘扬爱国主义。国际化进程的加深加快，对我国高校爱国主义教育已经有所冲击。目前高校大学生对爱国主义的多元化理解也给高校爱国主义教育增加了许多难点，当下钓鱼岛和南海问题一直是大学生持续关注的热点问题，部分大学生的爱国主义表现表现出非理性行为，对国民经济造成了一定的损失，国外对我国大学生爱国主义行为的评论增加了些负面评论。这些爱国主义思想是好的，大学一定要将大学生的爱国主义思想引导好，理性爱国，文明爱国。

二、加强大学文化建设，提高育人效果要具有国际视野

当今世界正处在大发展大变革大调整时期，世界多极化、经济全球化深入发展，科学技术日新月异，各种思想文化交流交融交锋更加频繁，文化在综合国力竞争中的地位和作用更加凸显，维护国家文化安全任务更加艰巨，增强国家文化软实力、中华文化国际影响力要求更加紧迫。当今时代，发展文化光"守土"的做法已经无法满足社会发展需求，"拓疆"时代已经到来，文化的发展必须基于全球背景的思考，用更加开放的心态和胸怀包容世界。

开放自由，扩大教育对外开放。20世纪70年代末我国实行了改革开放政策，至今已有30多年的历史，随着国际化进程的加快，随着我国综合国力的上升，随着开放的领域不断增加，我国的教育也在不断对外开放，紧跟国际潮流。中外合作办学体制就是教育开放的一种表现形式。十八大报告明确提出：扩大文化领域对外开放，积极吸收借鉴国外优秀文化成果。邓小平曾经说过："中国长期处于停滞和落后状态的一个重要原因是闭关自守。经验证明，关起门来搞建设是不能成功的，中国的发展离不开世界。"关起门来搞教育也是不能成功的，世界的发展也离不开中国。扩大教育对外开放，坚持发展多层次、宽领域对外文化交流格局，借鉴吸收人类优秀文明成果，实施文化走出去战略，不断增强中华文化国际影响力，向世界展示了我国改革开放的崭新形象和我国人民昂扬向上的精神风貌。扩大教育对外开放，有利于寻求更好地办学资源，优化资源配置，提高培养质量，拓宽学生视野。对于当下我国、我省的教育情况，教育开放是提高国家软实力的重要途径。"软实力"理论的创始人美国哈佛大学教授约瑟夫·奈说："孔子学院是中国展示软实力的一个重要工具，它们有助于加深对中国文化的理解。"按照《高等教育法》第十二条第二款和第三十六条的规定，高等学校依法

自主开展与境外高等学校之间的教育、科学技术和文化的交流与合作，包括缔结校际交流协议、互换人员（包括留学人员、讲学人员等）、科研合作、举办学术研讨会、合作办学、参加国际学术组织及其学术活动、学术考察等。《辽宁省中长期教育改革和发展规划纲要》提出：扩大教育开放，加强教育国际交流与合作，引进优质教育资源，发展来华（辽宁）留学生教育，推进"走出去"战略。高校要根据国家法律、教育部通知以及省政府有关规定，逐步有规划的扩大教育开放。学生可通过长短期交流或留学的方式在国外获得更好的教学资源，培养更全面的能力。高校同时也可以引进外籍教师授课，提高学生专业化水平与外语能力。开放自由的大学文化才能够为学校和学生的发展提供更多的机会。

包容多元，求同存异百家争鸣。大学文化开放即"引进来"与"走出去"的同时要求大学包容多元，能有心胸引进多元文化，更有能力将其吸收为己所用。学术无止境，学术无国界，任何一个国家都有其先进的文化，每一项先进文化都是人类历史上灿烂的一页，都推动着整个人类社会向前发展。人类社会创造的一切文明成果都是人类社会的共同财富，因此，吸收和借鉴人类社会创造的一切文明成果，是任何国家和民族推动生产力发展和社会全面进步的重要环节和基本条件。对于不同的文化，大学当有一种包容的心胸，允许多元的文化在同一片土地上生长，允许学生学习不同的文化，允许不同文化的持有者有不同的观点，在百家争鸣的学术氛围下促进大学文化的发展，坚持"和而不同"的价值取向，提高学生培养质量。在文化的国际化进程中，"教育多样观"应该成为大学育人的指导思想，包容不同的学生、不同的文化，不允许多元的文化将是没有生命力的文化，而包容的文化能够将多种文化交流融汇，创造出更加灿烂的文化。

批判创新，去伪存真去粗取精。任何文化都是人类物质生产和精神生产活动的产物，因此文化具有民族性、历史性和共性的特点，文化的三性特点决定了一个国家的民族文化的发展总是在批判继承本国文化的基础上，借鉴其他国家、民族优秀文化再进行综合创新而来。

首先要对本国文化进行批判创新。毛泽东曾经说过："所谓中国几千年的文化，是封建时代的文化，但并不全是封建主义的东西，有人民的东西，有反封建的东西。要把封建主义的东西与非封建主义的东西区别开来。"中华儿女几千年的时间创造了灿烂的古代文化，我们要辩证地看待本国文化传统，甄别传统文化中的优秀精华与腐朽糟粕，取其精华、去其糟粕，古为今用、推陈出新，坚持保护利用、普及弘扬并重，加强对优秀传统文化思想价值的挖掘和阐发，维护民族文化基本元素，使优秀传统文化成为新时代鼓舞人民前进的精神力量。

其次对于外来文化，我们更应该增强甄别意识。小平同志在我国面临困难，要突破旧体制，进行改革开放时，都没有放松警惕，他说："我们要有计划、有选择地引进资本主义国家的先进技术和其他对我们有益的东西，但是我们决不学习和引进资本主义制度，决不学习和引进各种丑恶颓废的东西。""我们要向人民特别是青年介绍资本主义国家中进步和有益的东西，批判资本主义国家中反动和腐朽的东西。"任何文化都根植于本地或本国土壤，外来文化的根在外国，在中国的土地能否成长开花，还有待研究。在种子引起时，我们就需要做谨慎的判断。

个性发展，以人为本目标明确。个性发展体现在两个方面，一是学生个性发展与社会需求相结合，二是高校个性发展与国家需求相适应。胡锦涛同志在清华大学建校 100 周年讲话中对青年同学提出的三点希望中提出：希望同学们在正确处理个人、集体、社会关系的基础上保持个性、彰显本色。在当今国际化进程中，更多的大学认识到学生个性发展的重要性，"为什么中国培养不出大师"的钱学森之问还萦绕在我们心头。大学对学生的培养不能千篇一律，一定要注重学生的个性发展，尊重学生的兴趣爱好，尊重学生的个性选择，但学生个性发展不能背离集体和社会需求，一定要与其需求相吻合。此外大学文化建设还要处理好共性和个性的关系，形成自己学校的文化特色。我国的大学都根植于中国的大环境中，具有中国大学的共性，在文化建设中要遵循文化发展的一般规律，同时又要研究学校自身的文化发展历史，推进大学特色化发展。同时，大学的文化发展要符合国家的需求，如果学校发展方向出现偏差，则培养不出社会和国家需要的人才。

大学文化研究和建设，根本在于坚持以人为本。从党和国家政策、领导人的讲话及文献资料中，到处都能找到"以人为本"的身影，坚持"以人为本"就是要坚持以人的教育平等为本，以人的个性发展为本，以人的全面发展为本，这也是借鉴国外大学文化建设的先进经验。大学在其文化建设中一定要注重帮助学生树立目标，明确未来发展方向，特别要注意"授之以鱼不如授之以渔"，教学生学会规划人生的方法。

三、加强大学文化建设，提高育人效果需要内外兼修

江泽民同志在庆祝清华大学建校 90 周年（2001 年）大会上的讲话中指出：大学应该成为继承传播民族优秀文化的重要场所和交流借鉴世界进步文化的窗口，成为新知识、新思想、新理论的重要摇篮，努力创造和传播新知识、新理论、新思想。胡锦涛同志在清华大学建校 100 周年上的讲话中提出：全面提高高等教育质量，必须大力推进文化传承创新。要掌握前人积累的文化成果，扬弃旧义，创立新知。要积极开展对外文化交流，增进对国外文化科技发展趋势和最新成果的了解，增强我国文化软实力和中华文化国际影响力。十七届六中全会中提出：我们要以民族文化为主体、吸收外来有益文化、推动中华文化走向世界的文化开放格局进一步完善。随着国际化进程的加快，西方文化进入我国大学校园与我国传统文化融汇已经成为必然的趋势，中外学术交流的频繁发展，中国境内留学生的增加，出国留学人数的增加，国内外大学生互换交流的增加，中外合作办学学校的增加等等，这些都标志着中外文化的交流日益频繁，所涉及的领域也在不断扩展。这就要求我国、我省高校加强大学文化建设，提高育人效果，既要保持民族情怀，又要具有国际视野，二者缺一不可。物质文化与精神文化、理想信念与爱国主义、开放自由与包容多元，批判创新与个性发展，这些我们都要继承与发展。

国际化进程中，优秀的大学文化是引导大学发展的巨大力量，优秀的大学文化是推动学生进步的无限动力，优秀的大学文化是传承传统文化的重要载体，优秀的大学文化是包容世界文化的巨大熔炉。敞开心胸，迎接世界，抓住机遇，面对挑战，构建国际型大学，兼收国际化文化，培养国际化人才。

第二节　以五大理念引领高校文化建设

"创新、协调、绿色、开放、共享"五大发展理念，是实践经验的科学总结，它对高等教育有着重要的启迪和指导作用。而当前的高校文化建设，面对人文精神理念缺失、传统文化占比偏低、精神文化需求不对称等困境，亟须从"创新、协调、绿色、开放、共享"这五个角度切入，研究当下高校文化建设的新方法，引导大学生理解和践行社会主义核心价值观，不断提升传统文化自信心，助力文化强国目标的实现。

2016年，是"十三五"规划开局之年。早在十八届五中全会上，习近平总书记就针对未来五年发展提出了"创新、协调、绿色、开放、共享"五大发展理念。五大发展理念既可以用作整体的谋篇布局，也适用部分的建设导向。以五大发展理念引领高校文化建设，将有利于高校更好地实现自身发展、服务社会之需。

一、五大发展理念的内涵及其对高校文化建设的意义

马克思主义哲学认为，人对事物的认识表现为"实践—认识—再实践—再认识"这样一个循环往复的过程。五大发展理念是我们党在社会主义建设过程中的优秀经验总结，是对以往发展理念的继承和优化，是适应新环境的判断和选择。

五大发展理念的内涵。当前，党和政府已明确指出社会改革发展已步入深水区，唯有砥砺前行才能实现既定目标。因而，在新的复杂环境之下，"'创新、协调、绿色、开放、共享'的发展理念，集中体现了今后五年乃至更长时间段内我国的发展思路、发展方向、发展着力点，深刻揭示了实现更高质量、更有效率、更加公平、更可持续发展的必由之路"。在国内发展趋缓的境况下，五大发展理念是我国未来五年再度激活政治、经济、文化、社会和生态发展活力的新思想，也是顺利实现建成小康社会这一既定目标的决战方针。

立足教育来看，五大发展理念也是未来五年提升教育现代化质量的科学指导思想。高等学校在创新驱动发展战略、构建发展新体制、促进就业创业和建设人才强国等方面发挥着不可替代的作用。各高校应深入思考"创新、协调、绿色、开放、共享"五大发展理念，为国家、民族和社会在新的历史条件下实现持续稳定发展提供更多策略。

五大发展理念对高校文化建设的意义。"高校作为文化创新的主体，是社会主义文化建设的重要基地，对推动社会主义文化大发展大繁荣有着义不容辞的责任。"引入五大发展理念，可以使其在传承和创新中华文化、助力文化强国方面发挥重要作用。

传承和创新中华优秀传统文化。中华优秀传统文化不仅塑造着我们的品格，还启迪着我们的智慧，它在国家的教育规划中越来越占有重要地位。1993年《中国教育改革和发展纲要》中强调"要重视对学生进行中国优秀文化传统教育"；2001年《国务院关于基础教育改革与发展的决定》中指出要"继承和发扬中华民族的优秀传统"；2014年《完善中华优秀传统文

化教育指导纲要》中更是从民族复兴的高度突出了青年学生学习传统文化的重要意义。如今，"十三五"规划欲"构建中华优秀传统文化传承体系，实现传统文化创造性转化和创新性发展"，并要求"广泛开展优秀传统文化普及活动并纳入国民教育"。正如习近平总书记在北京大学的演讲中说到的，"中华优秀传统文化已经成为中华民族的基因，植根在中国人内心，潜移默化影响着中国人的思想方式和行为方式"。我们有理由把高校作为继承和创新优秀传统文化的平台。高校文化建设涉及物质层、制度层和精神层，如果这三个方面能鲜明有序，且在和谐呼应之中实施，那么学校的文化建设就能取得良好的综合效应。因此，高校文化建设应有目的性和使命感，"高校文化建设的方向，从小处着眼，就是要丰富学生的文化生活，提高学生的思想道德素质和文化水平；从大处着眼，就是高校要切实发挥文化引领作用，真正成为社会主义文化建设发展的前沿"。

从我国教育的根本任务来看，它天然地将现代高等教育与传统文化传承联系起来。十八大指出"立德树人"是我国教育的根本任务，这不仅彰显了我们对百年树人理想的追求，更体现了我们对个人、民族和国家命运的深度关切。那么，"德"从哪里来，又如何"树人"呢？显然，从优秀传统文化中挖掘是绝好路径。比如，整体至上、仁爱兼利、自强不息和修身自律等优秀传统文化，其所蕴含的精神力量对人的成长终身受益。高校作为具体教育工作的开展者和文化传播者，需要将"传统"和"现代"并重，并认识到"中国优秀的传统文化是社会主义核心价值观的重要思想资源，批判地继承传统文化是培育社会主义核心价值观的重要途径"。因此，各高校都负有弘扬传统文化之责，而具备条件的学校更要加强对地域性特色传统文化的研究、保护和传承，通过有形的物质文化和无形的非物质文化来实现迁兰变鲍之效，以及通过制度性文化的建设塑造学生的行为规范，让青年学生自觉成为中华文化的传承人和创新者。

为实现文化强国不断输入动力。"十三五"规划中再次强调了文化强国这一既定目标，它不仅关乎整体的大中国梦的实现，而且也与个体的小中国梦的实现息息相关。我们党提出文化强国的战略，有着深厚的底气，五千多年的璀璨文化，给予了我们无比的文化自信。从发展的逻辑来看，文化强国是对科教兴国和人才强国的继承和升级。文化领域的进步，必然离不开科教和人才的支持，而高校又在科教事业和人才培养方面起着不可替代的作用。当前，高校文化建设是提升大学生思想文化素质的重要手段。大学生作为社会发展进步的生力军，会在文化领域中起到继承、发扬和创新的作用，而"德才兼具的文化人是构成文化强国的'质料因'"。大学生对专业知识的学习，属于工具技术的掌握，而在丰富的校园文化影响下成长起来的学生，则能深度烙上这个学校的精神，受益终身。

一方面，高校进行文化建设，能够带动社会物质文化建设。物质文化是我们可以触及的文化要素或者文化景观存在之物。高校在培养人才的同时，相关的学者也从事着文化研究工作，并将相应的科研成果项目直接或间接地转化为生产力。另一方面，高校开展文化建设是对社会精神文化建设的引领。"它通过一定的价值判断，引领社会的文化选择，通过升华大众文化、超越流行文化、抵制腐朽文化、彰显高雅文化、强化主流文化，对社会文化起着积极的辐射和示范作用。"可以说，优良的高校文化建设为实现我国文化强国的既定目标不断地输入着动力。

二、高校文化建设的理念缺失与困境分析

随着高校自身内部环境和外部环境的变化，高校文化建设也有一些突出的问题亟须解决。

人文精神理念缺失。"人文精神就是人之为人的文化精神，是人的文化性和文化的属人性的高度统一，是人存在的意义和价值的最高体现，是整个人类文化所体现的最根本的精神，是一种普遍的人类自我关怀。"对高等学校而言，人文精神是大学不可缺少的灵魂，它高度凝练在校训中、外化在校徽上、灵动在校歌里，是历届师生努力追求并践行的目标。大学教育就是一个有目的、有计划的育人和化人行为，它的社会功能在于培育社会的人，而非社会的工具。但目前社会依然存在着"重理轻文"的现象，理工科专业在大学教育中处于优势地位，实用主义与功利主义依然在膨胀。大学的转型成长历程在一定层面上反映了社会发展的需求，而高校整体经过近40年的建设、调整和升级，人文社科与自然科学的教学已经发生了很大的变化，这种变化误导了一些专业设置。2016年3月，教育部取消了42所高校共计50个学位点，涉及文理工艺等学科，某种程度也表明这一问题的严重性。

"现代的人文主义者普遍认为，科学旨在得出普遍规律，人文则更注重个体活动和选择的自由意志；科学技术强调工具理性，而人文主义则看重价值理性和终极关怀。"人文精神的教育是为了使学生更好地运用所掌握的"工具"，人文科学与自然科学中的专业都具有工具属性，人文科学天然地蕴含着人文精神，而自然科学也有人文精神，我们努力把科学精神和人文精神进行某种融合，正如"爱因斯坦以其独步古今的科学成就和超迈深邃的人文思想，高擎理性和人道的大势，自觉地将两种知识交汇、两种文化融通、两种精神统一，并以自己科学的创见、思想的真谛垂范后世"。在知识的殿堂里，没有绝对的自然科学与人文科学的界限，知识服务于人类，因而必须以人文精神贯穿它们才能做到真正为人类谋幸福。

传统文化占比偏低。高校文化建设既要建设好主流文化阵地，也要搭建好优秀传统文化的宣传平台。从文化的塑造效用来看，中华优秀传统文化所蕴含的哲理，如"青，取之于蓝，而青于蓝""德不孤，必有邻""九层之台，起于累土"等，对当代大学生的成长成才依然意义深远；同样，那些以物态和非物态呈现的传统文化，如传统节日、物质和非物质文化遗产、饮食文化等对大学生的生活亦意义非凡。大学是大学生学生时段颇具重要意义的阶段，他们生活和学习上的诸多优秀品质在此形成。而今，大学教育迈步在现代化的路上，在寻求与国际接轨之时，却疏忽了我们自身的文化资源优势，同时，我们在依托孔子学院对外输出汉文化之时，传统文化在国内高校中的比重和对学生的影响却不足。

总体看来，一些高校在进行传统文化的教育和宣传中缺位。史铁杰和余妍霞以安徽某师范院校为主要调查对象，并选取适量综合类院校进行调查统计，结果显示：从学校教育中所获得的传统文化影响，64.1%的学生表示很少，51.4%的学生表示在大学没有开设过与传统文化有关的课程，仅15%的学生表示参与过与传统文化有关的活动，有近1/3学生表示自己甚至从来没听说过这样的活动；陈永福等以福州大学城10所高校为调查对象，86.47%的被调查者表示学校有开展，但其中有65.91%的被调查者表示"有，但是比较少"；卢少华

以北京 8 所高校为调查目标，分析得出"传统文化课程占学校课程总量比例较高的学校已达10%，个别高校还不足 2%；课堂教学整体覆盖面有限"。因此，在构建中华优秀传统文化传承体系这一目标下，高校作为文化教育主阵地，理应逐步提升校园文化建设中传统文化所占的比例。一方面，推出相关公共选修课，提升课程质量；另一方面，制定优秀传统文化宣传教育规划，通过学校各级组织、社团开展实施。同时，在弘扬中华优秀传统文化的过程中，寻找与思想政治教育的契合点，比如传统文化中的爱国主义等元素。

精神文化需求不对称。精神需求是人类特有的现象，精神文化需求和物质需求是人的需求的两部分，前者建立在后者的基础上。大学生对精神文化的追求是其大学生涯中的重要内容，它指引着大学生学会思考、理解和融入社会。当前，我们身处互联网时代，大众传播智能化。学生在进入高校前或多或少已经被某些文化影响，如韩国文化、日本文化和美国文化等，因而，学生在步入大学后接受以学校文化为主的宣传教育时，本能地带有不同程度的抵触情绪，甚至一些学生把主流文化宣传极端地视为"洗脑"。此外，一些高校精神文化内容跟不上时代的变化，或者由于缺乏创新而难以吸引学生。

一些学校在高校文化建设中，存在两个偏差：一是把高校文化"说教化"，二是把高校文化"娱乐化"。前者是疏忽了时代的个性，而后者则曲解了与时俱进。说教化的高校文化建设，已然不适用当下"95 后"的大学生，即使必须说教，也需要寓教于乐。而把高校文化娱乐化，显然是偏离高校文化教育的本质属性。娱乐只是方式方法，不是目的，大学生也有足够的判断力来思考这些泛娱乐化的内容。精神文化需求不对称现象的出现甚至扩大，"说教化"与"娱乐化"是主因。高校文化活动也是一种文化传播活动，按照拉斯韦尔的"5W 传播模式"来看，第一要明白自己是谁，第二要知道传播什么，第三需选择合适的传播渠道，第四应了解传播对象，最后还要对整个传播活动做出评价。如此看来，一项文化活动需要精心的安排设计，而这样一个过程正是以学生的精神文化需求为出发点，积极引导和适应学生的发展趋势。

三、五大理念引领高校文化建设的对策

创新：激发活力。创新是文化的生命所在，高校开展文化建设，需把创新摆在第一位，为校园文化建设灌输活力。

保持思想认识上的前瞻性。即要能够在思想上保持与时俱进，并具有预见性和开拓性的能力。"文化引领风气之先，是最需要创新的领域。"文化上的创新，起于思想认识的创新，而思想认识的创新，则需要有前瞻性。文化是意识形态领域的内容，但是不能泛意识形态化，高校进行文化建设，自然不能偏离党的教育方针和文化方针，更不能将其模式化，从而导致停滞不前。一方面，我们要拒绝校园文化建设程式化。程式化的方式看似有模有样，实则降低了文化的吸引力。一些高校在校园文化建设中形成了固有模式，并在日后的文化建设中不断套用该模式，从而忽略了文化的多样性和个体的差异性。另一方面，我们应具备文化建设品牌化思维。在一些高校，繁荣校园文化建设有数量没质量，非但没有影响力，而且造成了

资源浪费。因而，我们要带着校园文化建设品牌化思维开展活动，集思广益，精心策划，为学生提供优质文化内容。

传播方式上的创新性。高校文化建设，从其形态来看属于文化传播。不同传播媒介形成的不同传播方式，对传播活动的效果有所影响。随着互联网技术的发展，传播方式在技术和形态上也发生了变化。新媒介的出现，可以说是对传统媒介方式的创新。因而，在不同技术构筑的平台上，对传播方式进行创新就有了无限大的可能。创新传播方式，有两种选择：一是依靠本校科研技术支持，自主创新，如美国脸谱网前身就是学生自主研发的校园社交平台；二是整合利用现成资源，把线上与线下紧密联合，拓展覆盖面。当前，多数高校开设了微博、微信等公众传播平台。然而，技术本身存在周期性，一个新的技术平台不可能无限期使用下去，这就需要管理者有前瞻性的眼光，及时捕捉新的技术，来优化校园文化建设。但一个好的媒体不代表有好的传播效果，在媒体的两端有"新源"和"信宿"，二者之间还有"噪声"（传播过程之中的干扰因素），因此，如何选择合适的媒介来开展校园文化建设值得思考。更何况，社交媒体的更新换代、使用主体的兴趣程度和学生对新媒体的态度都影响着文化有意义的传播。文化传播有意义的达成，是信息传递有效性的实现。我们在点赞朋友圈的同时，也可以屏蔽特定人的动态，如果校园文化建设活动的传播流于形式，学生产生反感，那么屏蔽这一功能将切断信息的传递，从而削弱高校文化建设的传播效果。

协调：百花齐放。首先，人文文化与科学文化并重。人文文化和科学文化是高校文化建设的两翼。一般而言，人文文化以人文学科为支持，而科学文化以自然学科为支持。一段时间以来，"人文"与"自然"被人为分为各相关专业，以适应社会分工的细化，这也在一定程度上致使校园文化建设出现厚此薄彼的现象。高校固然有着自身的定位，专业建设上有着不同的侧重点，但是在文化建设过程中不应出现"偏科"的现象。自然科学是科学，人文科学也是科学；人文科学从人出发，自然科学也是以人为出发点，两者都体现着人本思想。高校学生，无论学习哪一门专业，都应受到人文精神和自然科学精神的熏陶。"科学共同体与人文共同体必须相互借鉴、彼此学习，科学人争当哲人科学家，人文人力作科学人文家；科学文化与人文文化亟须各自补苴罅漏，科学文化需向善臻美，人文文化需崇实尚理。"两种文化的并重与交融，才是大学文化建设繁荣之象。

其次，主流文化与亚文化和谐有序。从宏观上看，大学里的主流文化应符合社会主义先进文化；从微观上看，它是人文、自然和艺术等领域的文化集合体。亚文化是指与主流文化相对应的非主流文化，由多种文化构成，"亚文化在一定的范围内起着作用，它与主流文化是不相冲突、相互补充的，同时又具有自身的特色，如我国的宗教文化、少数民族文化、外来文化等等"。高校是文化集聚之地，它们交流、碰撞和融合，促进新事物的产生，为社会增添新的发展动力。在处理两者的关系时，要主次分明，和谐适度。高校管理者要认真履行把关人的职责，以马克思主义文化理论为指导思想，而不是泛自由化，任由不同文化胡乱传播。同时，马克思主义也强调文化的多样性，对有益于大学生成长成才的亚文化应进行合理的引导，使之在培养人才的过程中发挥积极作用。

绿色：新的风尚。"生态文明是人类的必由之路，生态文明就是广义的生态文化……狭义的生态文化是以生态价值观为核心的宗教、哲学、科学与艺术。"作为传播人类知识的高校，理应将生态文化纳入校园文化建设之中，"将校园精神文化建设置于生态文明的高度进行重新构建，把生态的理念和要求不断充实和渗透到校园精神文化内涵中"。

凸显生态文化理念。生态文化，即一种人与自然和谐共处的文化，它是人类在长期实践过程中孕育而生的。工业文明在给人类创造无数奇迹的同时，也给人类带来了日益严重的环境危机，生态环境的底线若被破坏，人类将受到灭顶之灾，因而，必须"树立尊重自然、顺应自然、保护自然的生态文明理念"。这就要求高校在传授学生知识与技术之时，把人与自然和谐共处的思想理念纳入日常的专业教学之中，不仅注重知识的传播，而且注重传达技术理性的思想。马克思认为"人的本质是一切社会关系的总和"，这就包含了人与人、人与社会和人与自然的关系，而技术的习得无非也是运用在这三个层面。同时，也要把生态文化理念纳入日常管理之中，如绿色校园建设、绿色出行活动、废旧物品回收循环等等，通过影响与学生息息相关的生活行为，来凸显生态文化理念。

培育和践行生态道德。生态道德是道德范畴的一部分。进行生态道德教育，是当下大学生思想道德教育的重要一环，它是对传统人际道德教育的补充。如今，培养和践行生态道德的呼声日渐高涨，这是环境恶化倒逼的结果。大学生作为社会主义的接班人和建设者，更应自觉践行生态道德，而高校作为培养大学生的基地，在培育生态道德上责无旁贷。生态道德总的要求，就是要敬畏自然。人不是地球的主宰者，日益严重的生态环境问题所导致的人类身体疾病已然表明了答案。一方面，我们要尊重生命，与地球上的生物和谐共处；另一方面我们要感恩自然，通过树立绿色的生产观、生活观和消费观等来参与到保护生态的实际行动之中，为建设美丽中国添上一笔。"生态道德教育的内容应该与时俱进，将生态系统观教育、生态价值观教育、生态经济观教育、生态消费观教育、生态科技观教育等内容具体化，使其能够突出时代特色。"

开放：整合资源。"中华民族文化的开放性、长期的教育实践经验都证明了我国高校文化的发展应当走一条开放式发展道路。"高校的发展与社会发展紧密联系，当前我们国家正以更加开放的态度拥抱世界，促进各领域与世界接轨。而高校作为文化继承、创新和传授的场地，需要充分利用国内教育资源和拓展国外教育资源。

挖掘国内社会资源。一方面，充分利用周边文化资源，如博物馆、纪念馆和文献信息中心等。在利用这些文化资源的同时，深入与其合作，发挥高校人才资源优势，在举办相关活动、课题研究等方面增强学生的综合素质。另一方面，集中优势资源参与文化产业。文化产业是一项综合性的内容，高校可以在文化建设过程中把创新创意的内容转化为服务和产品，以扩大文化建设的效益。

拓展国际文化资源。知识无国界，优秀的科学文化知识是人类所共有的，通过交流与共享，促进文化知识的创新升级。当前，国内高校与国外高校已经通过学生交换、学者访问和项目合作等形式，互通了友谊和文化，并产生了积极的影响。今后，还需要继续"完善中外人文交流机制相关制度，打造一批中外人文交流品牌项目，积极开展国际理解教育，加强人文交流机制建设"。拓展国际文化资源，首先需要建设好本校国际教育学院，以此为桥梁，引入国外高质量的教育资源；其次需要利用好孔子学院这一国际化的交流机构。文化的引进来与走出去是相伴存在的，这也是文化传播的一个双向过程。孔子学院已然为中外文化交流搭建了一个庞大的平台，而在孔子学院中发挥中坚力量的就是国内各高校。国内高等教育现代化，不仅体现在硬件设备的先进性上，更体现在人才培养、文化交流和学术探讨等方面。

共享：价值创造。高校文化建设不是自娱自乐，它承担着一定的社会责任，应把校园文化建设成果社会化，实现文化共享，支撑社会公共文化服务体系建设，促进社会文化程度提高，实现公益价值和经济价值。

提升高校文化建设的公益价值。高校文化建设不是孤立于社会，它的价值在于塑造学生，服务社会。高校专业众多，文化内容丰富。无论是以学校为单位，或者二级学院为单位，或者社团、班级等为单位，作为组织者都应思考提升所办文化活动的意义及影响范围，比如普法活动、社会主义核心价值观宣传活动、传承中华礼仪活动等等。大学生是有思考力和创造力的群体，高校本身又是一个具有弹性的舞台。我们赋予高校文化建设公益性，提升其公益价值，既是社会主义先进文化本质的要求，也是"立德树人"教育目标的追求。

促进高校文化建设的经济价值转换。高校文化建设项目之多，耗费了师生相当多的物力、人力和财力，尤其是那些课题研究成果，更应转换为社会生产力，以经济消费的形式实现共享。文化既有公益因子，也有经济因子，因而要将文化事业与文化产业并重，合力推进文化强国。高校文化建设的经济价值蕴含在两个方面：一是集中在教师的科研当中，对于那些能够转为产品和服务的，应当大力扶持；二是体现在大学生创新创业之中，在校园创业文化的营造下，培育学生"大众创业，万众创新"的思想意识，把专业学习作为重要的支撑，把学校资源作为重要的平台，激发学生运用知识创造价值的激情。

总之，高校文化建设，应是主动适应社会发展的。五大发展理念是科学的指导思想，理应上升为高校文化建设的行动指南。作为高校文化建设的管理者，既要继承发扬本民族优秀传统文化，又要保持思想与时俱进能创新；既要重视文化内容本身的筛选，又要开拓发掘传播的新介质；既要重视专业技能的传授，又要重视科学理念的培育养成。五大发展理念是动态的，高校文化建设是灵活的，以五大发展理念引领高校文化建设是新时期社会主义文化建设的重要内容之一。

第三节　新时期高校文化建设路径探索

文化建设应该顺应时代潮流，符合社会发展的方向。新形势下，高校师生受到各种思潮的冲击，学生就业面临压力，国家迫切需要高校输出高素质人才来支撑国家发展。基于新时期的要求，高校文化建设应该紧紧围绕社会主义核心价值观，坚持"立德树人"的思想，着力解决目前高等教育面临的问题。

高校文化可以影响到学生的三观(人生观、价值观、世界观)，对学生而言具有重要意义，建设社会主义国家又是大学生所肩负的任务，因此高校文化建设要紧紧围绕社会主义核心价值观而来，坚守马克思主义思想指导，坚持"立德树人"的思想，着眼于当下面临的问题来进行。

一、高校文化建设需围绕中国特色社会主义

高校文化建设要以马克思主义为指导。习近平同志在报告中指出："意识形态决定文化前进方向和发展道路。"高校是文化创造和传播的主要阵地之一，必须以马克思主义思想来指导文化建设。当今时代，全球化步伐越来越快，各类思想在便利的新闻媒体下飞速传播。各类社会思潮与意识形态激烈交锋，引起文化剧烈碰撞。高校作为培养社会主义接班人的基地，内部人员结构复杂、思想十分活跃，在各类文化的冲击下，一定要牢固把握建设社会主义校园文化的思想。通过文化建设掌握意识形态的主导权、主动权和话语权，让高校师生树立正确的人生观、价值观、世界观，共同守护和谐美好的精神家园。

高校文化建设应践行中国特色社会主义。高校文化不仅是源于中国特色社会主义文化，更应该去发展和弘扬社会主义文化，丰富当代社会主义文化底蕴，反映新时代的文化特色。高校文化建设要呼应时下人民关注的问题，用年轻人充满活力的思想去解决这些问题。如就业问题、脱贫攻坚问题、教育公平问题等。依托宝贵的文化资源，秉持紧跟时代、心怀天下、面向未来的决心帮助构建中国特色社会主义哲学体系。还要发挥思想宣传的优势，在师生间宣传先进个人、先进集体事迹，推广先进精神、先进思想，鼓励更多的人投入到社会主义建设中。

二、高校文化建设需坚持"立德树人"的思想

文化建设要以师生的成长为目标。大学生正处于成长阶段，在吸收各类文化思想中，学校的文化氛围可以影响到学生的学习热情、道德观念以及价值观念。好的校园文化能够形成一种积极的文化熏陶，使学生树立正确的学习心态，培养良好的学习习惯，树立正确的三观(人生观、价值观、世界观)。校园文化可分为课程文化、教师服务文化和精神文化平台。

构建内涵丰富的课程体系。当今发展讲究知识的串联及综合利用，社会需要综合性人才、复合型人才，传统的独立课程设置已经不再能够满足社会需求。学校应该紧跟时代步伐进

行课程改革，寻找各个学科之间的联系，让学科知识形成一个闭合的回路，使学生能够把学到的知识串联起来从而解决复杂的问题。在此基础上，还要为学生提供更多选修课，丰富自己的才能。

提高教师素养。高校既是教育基地又是学术发展基地，教师的学术水平及道德素养直接影响到学生的学习质量，所担负的任务极重。因此，要提高教师的素养。一方面，要为教师提供良好的环境，使教师有精力开展学术研究，有心情向学生传授知识。可以根据教师的意愿，取消掉一些不必要的活动，为他们提供足够的放松、减压空间；另一方面，鼓励教师进行学术竞争，提高学术素养。完善考核机制，避免发生教师教学不认真的现象。

构建精神文化平台。学校是由学生和教师组成的一个大家庭，应该具有家的温暖，让人们想要接近而不是逃避。学生和教师之间有着强大的维系，这种维系就是知识，不管是学生还是教师，在探索未知的路上，大家都是伙伴，倾向于携手并进。因此，可以以知识为媒介开展一系列活动，拉近师生的距离，构建精神文化平台。

·文化建设要提高校文化品位。校园文化品位是师生审美情趣的体现，同时又能通过其精神力量影响师生的行为，间接地塑造学生的灵魂，提升师生对学校的认同感。提高高校文化品位可以从以下三方面进行。

物质文化建设。学校的物质文化包括校园内的建筑、雕塑、教学器材等。物质文化建设不在于资金的投入，而在于其蕴含的文化价值。如南京大学金陵学院，利用破旧的自行车、木船、碎瓷片就可以打造出充满历史人文气息与时代感的作品，让人思考历史，回味人生。

环境建设。安静优雅的自然环境能够让人静下心来投入到某一事物中，有助于师生学习、进行学术研究。应该根据学校的自然条件，在充分利用学校地理条件的基础上引入花木，打造一种静谧祥和远离尘嚣的环境。

活动建设。通过文体活动可以使师生得到充分的放松，提高个人素养，增强彼此的维系。在过去的教育中，学校轻视对文体活动的建设，学生缺乏强健体魄的支撑，没有掌握正确的休闲方式，导致在前行的路上疲惫不堪半途而废。因此，要根据学校的经费状况合理地进行文体建设，并引导师生积极参与其中。

三、高校文化建设需解决当下面临的问题

高等教育将会普及，学生就业压力不断增大。在过去，学生以拿学历方便就业的态度进入高校学习，学历证书是很多学子到高校学习的目的。在今天，学历证书不再能够作为求职就业的金钥匙，2018年高等教育毛入学率达48.1%，高等教育由大众化阶段进入普及化阶段，学生就业的压力会进一步增大。学生必须熟练掌握专业知识技能才能够在求职中脱颖而出。因此，必须进行校园文化建设，以改变过去及格万岁的思想。校园文化建设可以围绕所学的专业展开，要能够达到激励学生学习、启发学生思考、与现实需求接轨的目的。具体建设可以分为以下几个步骤：第一，明确所学专业的纵向延伸、横向应用方向。要为准备读硕士走科研路线的学生指明学术研究方向，以便未来能够积极地投入到科研攻坚中。帮助准备进入

社会施展才干的同学进行职业生涯规划，明确专业中课程的应用方向、专业的市场需求及未来的工作环境。第二，依据学生未来的发展规划开展文化建设。如开展培养学生创造能力的科技创新大赛、组建能够有效减轻学习压力的文艺娱乐小组、邀请学术研究人员到学校为学生传播科研生活经验、组织学生到招聘会现场了解职业技能需求并开展职业技能培养小组、组建创业团队，利用课余时间让有条件的同学进行创业尝试。

娱乐活动过多，导致娱乐至死。当今时代充斥着太多娱乐喧嚣，在大学宽松的学习环境中缺乏管制的学生沉浸于娱乐之中。不少学生逃课玩竞技游戏，不分昼夜；在课堂上看网络小说、手机游戏，对学习应付了事；在宿舍没有节制的看电影、电视剧浪费了过多的课余时间。娱乐活动可以给人带来快乐，因为快乐所以做下去，学生缺乏自制力，沉浸其中无法自拔，这是娱乐上瘾的原因。学生会对娱乐活动上瘾，是因为在现实中难以获得快乐，或者是兴趣缺失，或者是课业及社团活动对于自己太难，抑或是感受不到现实的压力让学生过于放纵自己。对此，校园文化的建设可分为三个部分展开：一是让学习生活变得更美。不少专业的知识过于抽象，在现实社会中找不到对应的事物，由于距离太远，学生对其不感兴趣。因此，可以与企业建立联系，邀请企业员工到学校开展知识应用宣讲会；组建更多元的与专业相关的兴趣活动小组，带着轻松愉快的心情进行学习。二是组建难题互助学习小组。把学习中遇到的难题专门挑选出来，在小组中提出来，邀请学生及教师回答，可以充分利用发达的社交媒体如微信、QQ 等，让学习更轻松。三是组织学生参加兼职活动，让学生提前进入社会，与在职人士交流沟通，了解知识的重要性，了解工作的艰辛，给学生以压力。

第四节　高校文化建设作用与文化育人职责

文化的重要作用要求自觉进行文化建设，文化建设必须以培育核心价值观为重点，以传承传统文化为基础。中国特色社会主义文化建设需要把培育社会主义核心价值观与传承中华优秀传统文化融合起来，社会主义核心价值观是中华优秀传统文化的导向，中华优秀传统文化是社会主义核心价值观的根基。高校进行社会主义核心价值观和中华优秀传统文化融合教育是发挥文化建设作用和承担文化育人职责的必然要求，需要明确目的内容、创新多种方式、强化实施管理、落实条件保障进行两者的融合教育。

2013 年 12 月，中共中央办公厅发布《关于培育和践行社会主义核心价值观的意见》，2017 年 1 月，中共中央办公厅、国务院办公厅发布《关于实施中华优秀传统文化传承发展工程的意见》，这两个文件不仅强调了培育社会主义核心价值观和传承中华优秀传统文化的重要意义，而且指出了两者的相互关系和相互作用，同时也强调了高校在两者中的重要作用。高校应把社会主义核心价值观教育和中华优秀传统文化教育融合起来，使两者相互促进共同作用，把大学生培养为中国特色社会主义事业的合格建设者和可靠接班人，实现文化育人的职责。为此，就需要深刻认识高校进行社会主义核心价值观与中华优秀传统文化融合教育的理论基础、内在根据、现实依据和实现路径。

一、高校社会主义核心价值观与中华优秀传统文化融合教育的理论基础

文化具有多方面的重要作用。对个人来说，文化是个人的高层需求。在物质生活需求基础上的精神文化生活需求赋予个人独特的意义，支配个人的思维、情感、行为模式等，是个人的精神家园。对民族来说，文化是民族的认同根源。民族的独特文化是民族的标志，是民族延续的血脉，是民族认同、团结的根源。对社会来说，文化是社会的精神结构。社会的文化结构对社会的政治结构、经济结构具有重大的能动作用，合理的、先进的社会文化结构能促进社会政治、经济的发展，从而能推动整个社会的发展。对国家来说，文化是国家的软体实力。国家的文化影响着国民对国家的认同，影响着国家的凝聚力和行动力，影响着一国对他国的引导力和辐射力，作为国家的软体实力已日益成为影响国家实力的重要因素。对人类来说，文化是人类的发展能力。文化的继承、交流和创新机制使人类改造世界的能力在学习前人和他人成果的基础上不断加速积累，不断快速发展，文化的发展是人类改造世界能力的发展。文化的重要作用要求人们自觉进行文化建设，不断促进文化发展。

文化建设需要以培育核心价值观为重点。价值观是人们对外部事物满足自身需要的价值关系的总体认识，它通过人们的理想追求、得失比较、利弊权衡、好坏辨评、善恶判别、美丑区分、荣辱爱憎等表现出来。价值观反映了一种文化体系的追求目标和评判标准，决定了文化体系的性质，最能表现文化体系的特征，像灵魂一样统摄着文化体系的诸要素，所以是一种文化体系的精髓。正是由于价值观的重要地位和作用，所以文化自觉的重点是价值观自觉，文化建设的重点是价值观建设。同时，一种文化所体现的价值观也是多维多层的体系，有核心价值观、基本价值观、具体价值观等，其中，核心价值观最能表现价值观体系的性质和特点，对其他价值观起主导作用，影响甚至决定其他价值观。因此，价值观建设的重点应是核心价值观建设。"核心价值观是文化软实力的灵魂、文化软实力建设的重点。这是决定文化性质和方向的最深层次要素。一个国家的文化软实力，从根本上说，取决于其核心价值观的生命力、凝聚力、感召力"。

文化建设需要以传承优秀传统文化为基础。任何民族、国家文化的发展都必然以它从历史上继承的既定传统文化为前提、基础和条件，这是不可选择的，是不可超越的。"人们自己创造自己的历史，但是他们并不是随心所欲地创造，并不是在他们自己选定的条件下创造，而是在直接碰到的、既定的、从过去承继下来的条件下创造。一切已死的先辈们的传统，像梦魇一样纠缠着活人的头脑"。但传统文化在形成和发展的历史过程中，必然会受到过去的时代条件、社会环境和人们认识水平的制约，因而也必然会存在过时的、错误的甚至糟粕的东西。这就使传统文化对现实社会的作用不仅有积极的促进作用，也可能有消极的限制、阻碍甚至破坏作用，这就要求人们对传统文化各要素自觉进行评价、鉴别，采取一种扬长避短、趋利避害、兴利除弊、取精去糟的扬弃态度，继承传统文化中的积极成分、优秀因素，并在此基础上不断促进文化创新和文化发展，做到古为今用、推陈出新。

二、高校社会主义核心价值观与中华优秀传统文化融合教育的内在根据

中国特色社会主义是当代中国的主题，中国特色社会主义事业的总体布局是经济建设、政治建设、文化建设、社会建设和生态文明建设"五位一体"，其中，文化建设为其他各方面建设提供方向引领、精神动力、智力支持和思想保障。发展中国特色社会主义事业必须增强中国特色社会主义文化自觉和文化自信，不断加强中国特色社会主义文化建设，不断促进中国特色社会主义文化发展。一方面，加强中国特色社会主义文化建设应以培育社会主义核心价值观为重点。这对于保证中国特色社会主义文化发展的方向和性质，对于促进人的全面发展和引领社会全面进步，对于巩固全党全国人民团结奋斗的共同思想基础，对于集聚实现中华民族伟大复兴中国梦的强大力量，具有重要现实意义和深远历史意义。另一方面，加强中国特色社会主义文化建设应以传承中华优秀传统文化为基础。这对于维护民族团结和增强民族自信，对于继承传统美德和建设和谐社会，对于提高治国理政和社会治理能力，对于增强认识世界和改造世界能力，具有重要的启示意义和借鉴意义。因此，加强中国特色社会主义文化建设需要把培育社会主义核心价值观与传承中华优秀传统文化结合起来，使二者在相互促进过程中发挥合力作用。

培育社会主义核心价值观需要传承中华优秀传统文化。首先，中华优秀传统文化是社会主义核心价值观的根基，社会主义核心价值观必须与中华优秀传统文化相承接。"中国人民的理想和奋斗，中国人民的价值观和精神世界，是始终深深植根于中国优秀传统文化沃土之中的，同时又是随着历史和时代前进而不断与日俱新、与时俱进的"。其次，社会主义核心价值观与中华优秀传统文化相契合，社会主义核心价值观与中华优秀传统文化体现的核心价值观有相通、相近之处，"我们生而为中国人，最根本的是我们有中国人的独特精神世界，有百姓日用而不觉的价值观。我们提倡的社会主义核心价值观，就充分体现了对中华优秀传统文化的传承和升华"。再次，中华优秀传统文化是涵养社会主义核心价值观的源泉，培育社会主义核心价值观应利用中华优秀传统文化的丰厚资源。"中华优秀传统文化已经成为中华民族的基因，植根在中国人内心，潜移默化影响着中国人的思想方式和行为方式。今天，我们提倡和弘扬社会主义核心价值观，必须从中汲取丰富营养，否则就不会有生命力和影响力"。

传承中华优秀传统文化需要培育社会主义核心价值观。中华优秀传统文化要继续发挥积极作用，就必须能够适应中国特色社会主义事业发展，为此就需要以社会主义核心价值观为导向来引领、升华中华优秀传统文化，促进中华优秀传统文化继续发展。一方面，用社会主义核心价值观引领中华优秀传统文化发展。社会主义核心价值观体现了社会主义意识形态的本质要求，是中国特色社会主义文化的核心和灵魂，是中国特色社会主义道路、理论体系和制度的价值表达，中华优秀传统文化继续发展需要社会主义核心价值观引领方向。另一方面，用社会主义核心价值观升华中华优秀传统文化。中华优秀传统文化与当代文化相适应、与现代社会相协调，实现中华优秀传统文化的创造性转化、创新性发展，需要根据社会主义核心价值观不断赋予中华优秀传统文化新的时代内涵和表现形式，从而不断提升中华优秀传统文化的生命力、吸引力和感召力。

三、高校社会主义核心价值观与中华优秀传统文化融合教育的现实依据

培育社会主义核心价值观和传承中华优秀传统文化是高校的重要责任和任务，这是由高校的社会作用和社会职责决定的。一方面，高校是国家和社会进行文化传播传承的主要载体，是国家和社会促进文化创新发展的主体力量。高校要发挥这种作用，需要自觉把传播传承文化、创新发展文化作为重要任务，需要自觉把培育社会主义核心价值观和传承中华优秀传统文化作为重点工作。另一方面，培养中国特色社会主义事业合格建设者和可靠接班人是高校的社会职责。"青年兴则国家兴，青年强则国家强。青年一代有理想、有本领、有担当，国家就有前途，民族就有希望。中国梦是历史的、现实的，也是未来的；是我们这一代的，更是青年一代的。中华民族伟大复兴的中国梦终将在一代代青年的接力奋斗中变为现实"。其中的青年当然包括高校青年学生，他们学有所成后将走上工作岗位，成为决定国家和社会发展的主体力量，只有用社会主义核心价值观和中华优秀传统文化教育高校青年学生，才能使他们真正成为中国特色社会主义事业的合格建设者和可靠接班人。

社会主义核心价值观教育对促进高校青年学生发展具有重要意义。首先，社会主义核心价值观教育能够使他们树立正确的价值观。社会主义核心价值观体现了国家、社会、个人层面的价值追求，"因为青年的价值取向决定了未来整个社会的价值取向，而青年又处在价值观形成和确立的时期，抓好这一时期的价值观养成十分重要"。其次，社会主义核心价值观教育能够使他们增强学习动力。社会主义核心价值观教育能够使他们树立马克思主义的坚定信仰，共产主义的远大理想和中国特色社会主义的共同理想，增强责任意识和担当精神，认真学习和积极实践，为将来参加工作、服务人民、奉献社会奠定基础。再次，社会主义核心价值观教育能够使他们做好工作生活准备。社会主义核心价值观教育能够使他们了解和认识中国特色社会主义文化，了解和认识中国特色社会主义社会的思想体系、制度规范、行为模式等，从而为他们将来更好地工作和生活做好准备。

中华优秀传统文化教育对促进高校青年学生发展具有重要意义。首先，中华优秀传统文化教育能够塑造他们的民族精神。中华优秀传统文化教育能使他们认知认同中华民族精神，从而能自觉维护民族的利益、尊严和荣誉等，自觉为实现中华民族伟大复兴中国梦贡献力量。其次，中华优秀传统文化教育能够提高他们的道德修养。中华优秀传统文化和传统美德教育能够使他们认识认同并继承中华民族传统美德，从而能够不断提升自己的道德修养，成为讲道德、尊道德和守道德的人。再次，中华优秀传统文化教育能够涵养他们的文化素养。中华优秀传统文化中丰富的人文精神、人生智慧、文学艺术等对于提升他们的文化素养，陶冶他们的审美情操，成为全面发展的人具有重要意义。

高校应把社会主义核心价值观教育与中华优秀传统文化教育作为重点工作，并把二者融合起来，使二者在相互促进过程中发挥合力作用。高校社会主义核心价值观教育应以中华优秀传统文化教育为基础，利用中华优秀传统文化的丰厚资源，通过传承中华优秀传统文化涵养社会主义核心价值观。高校中华优秀传统文化教育应以社会主义核心价值观教育为导向，

以社会主义核心价值观教育来引领、升华中华优秀传统文化教育，促进中华优秀传统文化的创造性转化、创新性发展。因此，高校在教育实践过程中应避免片面化倾向，或者强调社会主义核心价值观教育而轻视中华优秀传统文化教育，致使社会主义核心价值观教育缺少资源而贫乏无力；或者强调中华优秀传统文化教育而轻视社会主义核心价值观教育，致使中华优秀传统文化教育失去导向而迷茫松散。

四、高校社会主义核心价值观与中华优秀传统文化融合教育的实现路径

《关于培育和践行社会主义核心价值观的意见》和《关于实施中华优秀传统文化传承发展工程的意见》，就如何培育社会主义核心价值观和传承中华优秀传统文化提出了许多切实可行的理念、方式、方法，对高校进行社会主义核心价值观与中华优秀传统文化融合教育具有重要指导意义。高校结合实际贯彻落实这两个文件精神，在实施融合教育过程中需要统筹协调做好四项重点工作。

第一，明确目标内容。高校明确融合教育的目的和目标，并据此设计出结构合理、重点突出、难易适中的内容体系，这是进行融合教育的前提。首先，要突出针对性。既要针对高校的教育特点、专业特点、类型特点，也要针对青年学生的思想特点、思想实际、思想需求，如医学类高校应根据自己的专业特点和自身学生需求等设计适合自己的融合教育内容。其次，要突出思想性。思想是中华优秀传统文化的精华，也是社会主义核心价值观的依托，两者融合教育要以思想内容为重点和抓手，才能深刻而避免娱乐化、庸俗化。再次，要突出价值性。社会主义核心价值观和中华优秀传统文化博大精深，两者融合教育应选取既有社会价值也有个体价值的内容作为教育重点，才能够激发学生学习兴趣和提升学生学习效果。

第二，创新多种方式。创新多种教育方式是进行融合教育的基础。首先，课程教学方式。《关于实施中华优秀传统文化传承发展工程的意见》明确提出"推动高校开设中华优秀传统文化必修课，在哲学社会科学及相关学科专业和课程中增加中华优秀传统文化的内容"。据此，高校既要开设专门的必修课、选修课，也要在相关课程中渗透，还要有效运用微课、慕课等现代教育技术手段进行文化教育。其次，实践教学方式。诵读、展示、表演、参观、考察等实践教学方式能够让学生在参与中感受，在探索中学习，从而有效提高文化素养。再次，文化活动方式。学术讲座、演讲辩论、诗词比赛等文化活动方式能够开阔学生视野，启发学生思考，激发学生兴趣，促使学生积极参与文化教育活动。最后，校园文化方式。运用多种载体媒体，如展板、广播、报纸、电视、网络等，特别是学生使用最多的自媒体平台，构建起学生生活的"全时空"文化环境，使学生在日常生活中接受文化教育。

第三，强化实施管理。加强实施管理是成功进行融合教育的关键。首先，应科学规划，包括课程体系与教学进度、教育的方式和方法、教育的载体和环境、领导组织和保障条件等。其次，应精细组织，既应配备充足的专业文化教育教师进行教学，也应提高全体教师的文化素养以在其他课程中渗透，还应组成专家队伍加强研究提供教育支持。再次，应全面测评，既应利用考试方式促使学生认知理论知识，也应利用考查方式促使学生实践体验；既应注重

结果性测评，也应注重过程性测评。最后，应严格监控，领导者应严格监控整个教育过程，教育者应严格监控学生学习过程，并根据监控的结果，分析原因和采取措施，确保实现教育目标和目的。

第四，落实条件保障。首先，应加强党委领导。强调各级党委对培育社会主义核心价值观和传承中华优秀传统文化的领导责任，从而高校党委应对融合教育负领导责任，高校党委应高度认识融合教育的重要意义，切实担负起领导责任。其次，应完善相关制度。如教师的选拔与培养制度、学生的学习与实践制度、教学的评价与监控制度，学校的领导与管理制度等，只有形成完善的制度，才能保证融合教育工作的规范化、长期化。再次，应提供物质保证。高校应在场所、设施、资金等方面提供充分的支持，保证融合教育工作的顺利进行和有效完成。

总之，高校要实现社会职责和发挥社会作用，把学生培养为中国特色社会主义事业的合格建设者和可靠接班人，促进中国特色社会主义文化的传播传承和创新发展，就需要把社会主义核心价值观教育和中华优秀传统文化教育融合起来，使两者相互促进共同作用，并且通过多种路径措施不断提高融合教育的质量和效果。

第五节 高校文化建设对大学生教育的价值

高校的文化氛围是其学术水平的体现，更是一所大学思想、精神层面的体现。高校通过教学管理、文化氛围、教育制度等多方面来培育学生，而学生的教育又是一个多方面构成的有机整体，为使高校的文化建设对学生教育的影响更有价值，十分有必要对高校文化建设的内涵及其对大学生教育的影响进行分析。

一、高校文化建设的内涵

高校是文化创新的主体，是建设特色的社会主义文化的主要阵地。高校的文化建设对学生教育的影响不可小觑。同时，我们对高校文化建设的内涵研究也越来越深入。

高校文化建设概述。高校有着其独特的文化，其文化是在发展过程中，由全校师生共同认可，并一同遵循的基本价值标准。高校的文化建设是教育管理部门根据本校文化传统、教育的发展规律以及市场经济等因素，设定本校的文化发展目标，并出台系列措施，有计划、有步骤地不断实现文化目标、形成特有文化氛围、培育高校文化的过程。

高校物质、行为文化建设。高校的物质文化建设是指学校的校园设施、文化设施等物质性建设，而高校的行为文化则是学生与教师等人员的具体行为，遇到事情怎样做、做什么。这是肉眼可见、实实在在存在的，是校园精神文化等的发展基础。例如我们平时上课的教学设备、教师的科研设施等都是保障高校文化建设发展的前提，更是对学者、学生以及教师等人出访、活动的保障。除此之外，校内外举办的各种课内课外活动、讲座都需要场地、宣传页、网络信息、电子媒体等，都属于物质、行为文化的范畴，这些都对大学生的教育有着十分重要的影响。

二、文化建设对学生教育的影响及价值

高校的文化建设对当代大学生的影响十分深远，高校文化是一个学校赖以生存的基础，决定着大学生培养质量的高低，甚至影响着社会文化和风气，对大学生树立正确的人生观、价值观、世界观有着决定性作用。高校文化建设对大学生教育的价值，可以从以下两个方面来进行分析。

文化建设对学生教育价值的微观影响。高校作为国家社会人才的培养基地，它的核心功能便是培育人，这也是高校文化建设的根本出发点。大学教育是学生所受教育的高等阶段，在学生的人生发展过程中的影响和价值举足轻重。

精神文化建设相比物质文化建设而言，是一种更深层次的文化建设，在大学生的成长过程中，对其人生观、价值观、社会观的形成有着至关重要的影响。精神文化指的是在价值观影响下形成的对客观事件的观念、看法、思想体系。具体来说，高校的精神文化建设包含如下几个方面：首先，全校师生共同树立并认可的世界观、价值观。其次，校园培育自己特有的震撼力、感染力和凝聚力。最后，高校有自己特色的校风、学风。精神文化的建设是高校文化建设的重中之重。校文化建设对学生教育的影响从微观层面来讲就是对学生的育人功能，这个功能可以概括为在传授给学生知识的同时，培育他们优良的道德品德，提升审美情趣，创新思维模式，规范行为习惯，提高创新能力。高校是国家人才的摇篮，是继承和传播知识的圣地，因此优化校园环境，提升学生的学习能力和创新能力，是高校文化建设的责任。高校的文化建设在对学生的引导方面有着激励、鼓舞和凝聚等作用。因此高校的文化建设对当代大学生的全面而自由的发展有着重大价值，构建和谐校园，加强高校文化建设对学生乃至教育行业的发展都有着十分深远的价值意义。

文化建设对学生教育价值的宏观影响。高校文化建设的宏观层面即为它对社会文化建设的价值。高校的文化建设作为社会文化建设的一个重要构成部分，在引导社会的价值观发展、社会风气的矫正、民族力量的凝聚以及科学文化的创新和发展有着十分重要的意义，创建先进、高尚、正确的高校文化也是落实新时代中国特色社会主义文化发展的题中之义。高校的文化建设代表着社会的先进文化，其形成的具有中国特色的社会主义文化又反过来影响着大学生个人发展。因此，高校文化建设的围观和宏观层面都要足够重视，这样才能使其充分发挥对学生教育的正反馈作用。

三、提升文化建设对学生的教育价值的建议

既然高校的文化建设对大学生教育有着举足轻重的作用，那么如何提升该价值，成为我们分析之后需要思考的关键问题。

重视传承，树立文化建设的牢固根基。要想提升文化建设对当代大学生的影响价值，首先应该注重的是传统文化的传承建设。文化建设，须有牢固的根基，才能健康、永续发展；须扎根传统精华文化，不断汲取营养，才能提升文化建设的内涵和质量。当前文化多元化不断发展，我国高校应做到在世界民族文化之林中不迷失自己，能够有足够的底气来抵御外国文化侵蚀。高校的文化建设应做到对传统文化有所传承，使得大学生有强烈的文化自信。

重视创新，形成文化建设的鲜明特色。重视创新，构建创新型高校文化，文化建设方面的创新不仅包括一些价值观念上的创新，还包括大学生个人行为习惯等方面的因素。要在综合考虑这些创新因素的基础上构建高校的文化系统，从而对大学生产生潜移默化的影响，使其成为我国建设创新型国家的主力军。通过创新高校文化建设，学生可以开阔眼界，成为综合发展的高素质人才，达到自由而全面的发展状态，届时，跨专业、跨学科的学生会为社会提供更多的贡献，例如新领域的研究、动向敏感性以及协同解决问题的能力都会有较明显改善。

第六节　共享与发展：高校文化建设的载体和路径

高校文化建设是当代高等教育的重要内容，高校文化的共享与发展是振兴民族文化的重要举措。高校在校园文化建设中，需要加强高校信息化建设、加强高校文化自信建设、创建协同创新机制，探索高校文化共享与发展的新路径，促进高校文化的建设和发展。

一、加强高校信息化建设

早在 1999 年中共中央国务院颁布的《关于深化教育改革全面推进素质教育的决定》中明确指出，要大力提高教育技术手段的现代化水平和教育信息化程度。从高校自身的发展来看，信息技术是高校教育的手段和工具，通过先进的信息技术来强化高校的行政管理、教育教学和科学研究，以信息化带动教育的现代化，从而提升高校的核心竞争力，是高校创新强校和"双一流"建设的必由之路。高校文化的共享与发展，与高校自身的信息化建设程度密不可分。因此，找到一条适合高校自身特色的教育信息化建设道路是非常有必要的。

高校信息化建设中存在重视计算机、服务器等硬件设备而轻视应用软件技术投入的现象，硬件环境建设好了，软件却难以支撑硬件发挥其最大效用，造成了信息资源的浪费。因此，高校在信息化建设中，要全局统一、系统规划学校的信息资源配置，突破高校信息化建设的瓶颈，实现资源的共享。一方面，高校应充分认识到教育信息化是集技术和管理相结合的项目，具有综合性、系统性和创造性的特征，高校共享与发展必须充分落实必要的人力物力，建立一个全面的系统的高校信息体系。另一方面，高校文化建设的信息化建设的模式直接关系到高校文化的共享与发展的效果。因此，高校在校园文化建设中，需要拓宽思路，根据高校自身的特点，探索一条适合自己的高校文化共享发展模式。

二、加强高校文化自信建设

我们纵观人类发展的历史，我们可以发现，文化发展有其自身的发展规律。在文化发展的历史长河中，没有单一文化的存在，也没有封闭文化的存在。从汉代出使西域的张骞，到鸠摩罗斯、唐玄奘，中国文化与印度文化、伊斯兰文化等进行了大规模的交流、对话和融合。由此可见，文化是可以对话、交流的，因此，文化本身具有分享和融合的特征，使文化得以传播和继承。

1933 年，陈序经在《中国文化的出路》一文中指出："中国的问题根本就是文化问题，要想解决中国的政治、经济、教育等问题，必须从文化着手。"习近平总书记指出，全党一定要坚定道路自信、理论自信、制度自信、文化自信。同时他又强调："文化自信，是更基础、更广泛、更深厚的自信。"高校是先进文化传播的重要基地，具有示范和引领的作用。中华民族的优秀传统文化是高校文化的有机土壤。在"互联网 +"的新时代，文化多元化，思潮多元化冲击着高校文化。因此，文化自信是高校在文化建设中践行社会主义核心价值体系的需要，同时也是将高校文化建设与优秀传统文化的共享发展的需要，有利于将高校文化的建设和发展"接地气"，让广大师生更好地汲取中华民族传统文化的精髓和享受高校文化建设的成果，从而使高校文化的共享发展成为广大师生的内在需求和自觉追求。

高校是文化传承和文化创新的重要场所。高校文化的建设中，应将共享发展理念渗透到各个角落，融合时代发展的要求，创建独具特色的大学精神。原哈佛大学校长查尔斯·艾略特曾明确表示：一所名副其实的大学必须从本国深厚的文化土壤中成长起来。大学作为文化传承和创新的重要基地，在长期的办学过程中，塑造与培育现代大学文化，必须首先自觉地植根于中华优秀传统文化的沃土，从中充分汲取营养，努力将其精髓、理念渗透到校园的各个领域；其次要借鉴人类其他古今文明的精华与优长，融合时代要求和独具特色的大学精神。

三、建协同创新机制

协同创新"是指各组织行为主体或资源主体基于共同目标，通过构建充分发挥各自优势、资源和能力的共享平台和分享机制，进行深层互动、互补、互助、互融，创造新生事物的过程和活动"。协同创新是国家发展战略进入新时代，指导高校文化建设和改革的方法论。

"在社会文化乃至社会经济、政治、科技等方面发生重要转折和产生迫切需要时，往往由大学文化提供钥匙和出路。"

高校文化作为社会先进文化的代表，具有开放、协作、服务的社会属性。高校在文化的共享与发展中，要有意识地纳入开放意识和协作精神，积极开展协同创新发展的主题活动。在中国特色社会主义建设的新时代，我国高校的职能已经有原来的单一的知识传授扩展到科学研究、社会服务和文化传承，因此，高校在文化建设的过程中，应建立新型的办学理念和人才培养方案，大力倡导全面开放、互惠共赢的高校文化。

协同创新作为高校传统文化生产方式的一次革命。我们在促进校园文化建设的过程中，要大力推进与兄弟院校、研究院（所）、企业、地方以及国际社会的深度融合，探索一条面向科学前沿、融合行业产业和区域发展、创新传承文化的协同创新模式，使高校成为引领区域创新发展和文化传承创新的主要阵地。可见，协同创新为高校文化的共享与发展指明了路径，并已经在深刻改变高校文化的生产方式。

第七节　习近平传统文化观及其在高校文化建设中的意义

围绕传承和弘扬中华优秀传统文化问题，习近平对于中国优秀传统文化的历史地位、中国优秀传统文化的时代价值，以及继承和弘扬中国传统文化的科学方法给予了科学回答，为我们传承和弘扬中国优秀传统文化意义重大，对于高校文化建设也具有重要的指导意义。

在习近平心中，中国优秀传统文化具有重要十分重要地位。在习近平的政治生活中，他多次论述到如何传承和弘扬中华优秀传统文化。这些论述对于我们如何继承和弘扬中国优秀文化给予了科学回答，为我们如何更好地推进中国特色社会主义文化建设提供了重要指导，对于高校文化建设也具有重要的指导意义。

一、明确了优秀传统文化的地位

通过对中华文明发展历史的回顾和总结，习近平对中国优秀传统文化的地位给予了重新定位，把其提到了一个新的高度。习近平指出："中华文化积淀着中华民族最深沉的精神追求，包含着中华民族最根本的精神基因，代表着中华民族独特的精神标识，是中华民族生生不息、发展壮大的丰厚滋养。"

优秀传统文化是中华民族的"根"。习近平认为，"优秀传统文化是一个国家、一个民族传承和发展的根本"，"是一个国家、一个民族的灵魂"。中华民族在几千年的历史进程中，能始终保持独特魅力，经久不衰，离不开中国优秀传统文化的作用。中国优秀传统文化是中华民族的"根"，丢了它，中华民族就会丧失根基。人类历史进程已表明，一个民族如果对本民族文化缺乏清醒认识，甚至丧失了本民族文化，那么这个民族是没有希望的，是要被历史抛弃、遗忘的。对于优秀传统文化"根"的意义，我们要有充分的认识，自觉传承和弘扬中华优秀传统文化。

优秀传统文化是中华民族的"精神家园"。习近平指出，"优秀传统文化可以说是中华民族永远不能离别的精神家园"，"其中最核心的内容已经成为中华民族最基本的文化基因。这些最基本的文化基因，是中华民族和中国人民在修齐治平、尊时守位、知常达变、开物成务、建功立业过程中逐渐形成的有别于其他民族的独特标识"。独具中华民族特色的精神追求、价值观念等内容是中华优秀传统文化的重要内容之一。在中华民族的历史长河里，这些内容得到了沉淀，积淀成了中华民族的"精神家园"和心灵归宿。中华民族在几千年的延续中能够生生不息，离不开这些优秀的传统文化，它们成为世代中国人文化认同、精神归宿的标志。

二、优秀传统文化是中华民族的"精神命脉"

习近平提出，优秀传统文化，"是一个国家、一个民族传承和发展的根本，如果丢掉了，就割断了精神命脉"。世界上著名的其他几大古老文明之所以都已淹没在历史的浪花里，重要的原因就是出现了文化的断层，割断了其"精神命脉"。绵延几千年的中华文明，到历史的今天仍充满活力，这和我们沉淀下来的优秀传统文化有关。中国优秀传统文化"孕育出了深厚的家国情怀与民族精神"。"精忠报国"的爱国情怀，"刚健有为，自强不息"的拼搏精神，"夙夜在公"的奉献精神等体现家国情怀和民族精神的内容构成了中华民族"精神命脉"的核心。这些"精神命脉"深深植根于中国人心中，潜移默化地影响着中华儿女的思想，以及行为举止。培育了中华民族独具特色的个性，构成了中华民族独特的印记。

三、论述了优秀传统文化的时代价值

习近平指出："一个国家，一个民族的强盛，总是以文化兴盛为支撑的，中华民族的伟大复兴需要以中华文化发展繁荣为条件。"在一系列讲话中，习近平用引经据典的方式来表达治国理政的思想，很好地诠释了中国优秀传统文化的时代价值。

中国特色社会主义产生的文化基础。任何一种理论都有其产生的文化土壤，任何一种理论的茁壮成长都离不开相应的文化沃土的滋养。习近平就强调，"中国特色社会主义植根于中华文化沃土、反映中国人民意愿、适应中国和时代发展进步要求，有着深厚历史渊源和广泛现实基础"。中国特色社会主义是在改革开放新的历史时期，把马克思主义基本原理同中国基本国情相结合的产物，是马克思主义中国化的第二次飞跃的理论成果。离开中国基本国情这一沃土，中国特色社会主义只能是异想天开，不可能像现在的中国特色社会主义能发挥这么大的威力，指引着中国快速地发展。在提到马克思主义中国化时，我们强调要注意中国风格、中国气派，重要原因就是中国优秀传统文化是中国基本国情的重要构成部分。中国优秀传统文化是马克思主义中国化产生的文化基础，也是马克思主义中国化成果中国特色社会主义产生的文化基础。

提升文化软实力的必要条件。"文化软实力是由一个国家的民族文化和意识形态等精神因素对内和对外所展示出来的凝聚力、吸引力、向心力、辐射力、影响力。"在当今的国际舞台上，国与国之间的竞争已是包括文化软实力在内的综合国力的竞争。作为综合国力重要构成部分的文化软实力的地位越来越重要，它可以渗透到国家的经济、政治、军事等领域，直接影响到一个国家的综合实力。中国文化软实力的增强离不开中华优秀传统文化，以爱国主义为核心的优秀传统文化构成了中国传统文化的独特魅力，为提高中国文化软实力提供了丰厚的文化资源。正如习近平指出的，"中华优秀传统文化是我们最深厚的文化软实力，也是中国特色社会主义植根的文化沃土。提高国家文化软实力，要努力夯实国家文化软实力的根基。"

实现中国梦的重要精神支撑。2012 年，在参观《复兴之路》展览时，习近平正式提出了中国梦，给全党全国各族人民指明了奋斗目标。他提出："中国梦的本质是国家富强、民族振兴、人民幸福。"所谓民族振兴就是要在继承的基础上创新中国优秀传统文化，使中国再次以高昂的姿态屹立于世界民族之林。中国梦是国家的梦、民族的梦。要实现这一伟大的梦想，需要伟大的精神作支撑。习近平强调："实现中国梦必须走中国道路、弘扬中国精神、凝聚中国力量。""中国精神"就是以爱国主义为核心的民族精神，以及以改革创新为核心

的时代精神。缺乏了"中国精神",中国梦的实现就缺乏精神动力。以爱国主义为核心的民族精神是中国优秀传统文化的重要组成部分,"天下兴亡,匹夫有责"等体现家国情怀的精神,很好地诠释了"中国精神"的内核。这些精神是凝心聚力的兴国之魂、强国之魂,激励着中华儿女为了实现中华民族的伟大复兴,实现伟大的中国梦而勇往直前。

治国理政的重要文化资源。习近平认为中国优秀传统文化积淀了先哲圣哲的治国理政智慧,"积累了丰富的治国理政经验,其中既包括升平之世社会发展进步的成功经验,也有衰乱之世社会动荡的深刻教训"。在担任浙江省委书记时,习近平曾发表短论《做人与做官》。在此文中,他结合中国优秀传统文化所提供的丰厚的治国理政思想,提出领导干部要把做人和当官相结合,要有高的德行修养,要做到务实、清廉,时刻将人民放在心上,为民办实事,为民谋福祉。对于中国传统文化中所传颂的"先天下之忧而忧,后天下之乐而乐"的为国前途分忧解难,为黎民百姓的幸福出力的远大政治抱负;"鞠躬尽瘁,死而后已"的全心全意的奉献精神,以及天下为公、民为邦本,德法并重,变法革新,勤政廉政,实干兴邦等治国理政思想,习近平十分推崇,多次倡导我党官员应该继承这些优秀的传统文化思想。

四、指明了弘扬中国传统文化的科学方法

有扬弃地继承。习近平强调,"在学习、研究、应用传统文化时坚持古为今用、推陈出新,结合新的实践和时代要求进行正确取舍,而不能一股脑都拿到今天来照套照用。"以爱国主义为核心的民族精神,"天下兴亡,匹夫有责"等体现家国情怀的精神,以及"先天下之忧而忧,后天下之乐而乐"的为国前途分忧解难,为黎民百姓幸福殚精竭虑的政治抱负等体现中国传统文化精华的内容,是中华儿女的精神脊梁,构成了中华民族的特征,长期以来激励着中华儿女为了中华民族的兴旺发达而不懈努力,前仆后继。到历史的今天,这些优秀的传统文化对中国的发展、中华民族的复兴仍然起着重要作用,是我们应该继承的。但在几千年的行进中所积淀下来的中国传统文化,既有精华,也存在一些不合时宜、糟粕性的东西,如"官本位思想""男尊女卑"等思想,它们是和时代相违背的,不利于中国的建设和发展,必须抛弃。总之,对于中国传统文化,我们必须站在国家建设实践和时代发展的基础上,要有扬弃地继承。

创新性发展。在特定历史条件下形成的中国传统文化,有其特殊的历史的印记。到历史的今天,为了更好地发挥中国传统文化的魅力,我们需要做好传统文化的创新性发展,"要按照时代特点和要求,对那些至今仍有借鉴价值的内涵和陈旧表现形式加以改造,赋予其新的时代内涵和现代表达形式,激发其生命力"。要做好传统文化的创新性发展,充分挖掘和继承传统文化的精髓。对于一些传统文化的内涵,必须站在时代发展的基础上,结合我国发展的实际情况,赋予其新的时代内涵。为了更好地实现传统文化的创新性发展,我们必须处理好中国传统文化和国外优秀文化的关系,要注意对国外优秀文化的吸收和借鉴。同时,还要注意新的科技手段,如微博、网络等工具在对传统文化创新性发展方面的积极作用。

五、习近平传统文化观对高校文化建设的意义

在高校精神文化建设方面。首先，应大力弘扬中国优秀传统文化和社会主义先进文化。在广泛开展的知识竞赛、报告会、讲座、党日活动等主题教育宣传活动中要侧重融入中国优秀传统文化和社会主义先进文化等内容，引导师生树立正确的世界观、人生观、价值观。其次，通过编写校史图册、组织校史展览等多种途径，面向全校师生开展校史文化教育，加强学校文化历史传统的宣传和教育，传承弘扬大学精神文化，从而激发全体师生齐心合力发展好学校的信心。最后，应对校园内具有历史文化价值的建筑物、办公设备等文物遗产建立专项保护档案，定期进行"体检"和修缮保护，加强历史文化遗存保护。

在高校行为文化建设方面。推动中华优秀传统文化、中国革命文化、社会主义先进文化融入教育教学；深入推进"礼敬中华优秀传统文化""阅读经典"等有利于弘扬中华优秀传统文化的教育活动；举办"传统文化大讲堂"，大力开展高雅艺术进校园、增强大学生对中华文化的自信和认同。激发师生创意创作热情，推出一批高水准的艺术作品，形成若干有影响力的品牌。扩大学生艺术团、教职工文化艺术协会规模，拓展活动领域，用诗歌、话剧、舞蹈、摄影、书法等艺术形式弘扬中华文化。

在高校形象文化建设方面。重视校园景观的文化表达，提高校园环境的文化品位。按照学校历史文脉，做好学校建筑文化、历史文化、革命文化的挖掘整理工作。完善以校徽、校标、校歌、校旗、吉祥物、官方形象宣传片等为代表的形象文化符号体系，丰富学校形象品牌的形式和内容。继承和创新高校文化传播手段，充分利用网络等现代文化宣传工具，加强对校园主页、校报、广播台、BBS等校内主流媒体，以及微博、微信等学校官方新媒体平台的建设与管理。建设一批网络文化主流阵地，创作一批网络文化优秀作品，打造一支优秀网络人才工作队伍，维护好高校文化形象。

综上所述，习近平同志十分珍视中国优秀传统文化，对于中国优秀传统文化的地位、当代价值，以及如何继承和弘扬中国优秀传统文化都给予了科学回答，为我们传承和弘扬中国优秀传统文化提供了重要指导，对于高校文化建设也具有重要指导意义。

第三章　高校文化建设的创新研究

第一节　新媒体对高校文化建设的影响

文化是一个民族创造力与凝聚力的源泉，更是一个国家综合实力的考量。高校文化是全体师生在工作、学习、生活中创造的新形式与新内容。凝聚力、创造力是高校文化的核心，是高校教育管理模式的一种补充，以思想引领与教育师生，增强师生信念，让师生在高校学习、生活、工作中找到归属感。新媒体环境为高校文化建设带来一定的机遇。因此，高校在文化建设中应意识到文化教师的重要性，迎合新媒体下文化建设带来的机遇，提高高校办学质量。

高校文化教师是以师生及广大教职工为主体，是在日常生活、学习、工作中发展而成的，在学风建设、思想道德、人际交往、精神面貌、人格塑造等方面具有较强的引领作用。优秀的校园文化以一种无形的力量感染、熏陶学生，健全学生人格，使学生向积极、健康的方向发展，增强学生的责任感与使命感，培育学生的爱国情怀，促进学生全面发展。优秀的文化建设对教育教学具有促进作用，有助于提高高校教育教学质量，进而提高高校办学质量。高校文化具有育人作用，以文化为导向，渗透于学生学习、生活中，规范学生的言行举止，增强学生的自我管理与约束能力，进而提高高校教育管理质量。

一、新媒体给高校文化建设带来的机遇

（一）为高校文化建设提供载体

新媒体在文化传播上具有互动性强、信息量大、传播速度较快等特性。在高校文化建设中，新媒体技术整合各种信息，将文化信息以视频、音频、图片、文字为一体的形式进行传播。新媒体下，高校文化传播途径较为广泛，促进高校文化更好地发展。高校在文化建设中借助多媒体的快速传播形式进行传播，并且为高校文化发展提供多元化形式，增强高校文化传播感染力，进而将文化融入教育领域的方方面面。例如：在新媒体环境下，高校借助信息技术将文化进行整合，以电子信息形式发送到教育平台中，供学生观看与分享，增强文化的吸引力，进而实现文化传播价值。

（二）促进高校文化建设对外开放形式

在新媒体没有形成之前，高校生活较少受到关注。以往高校生活与教育，以封闭式教育管理理念开展。新媒体充分改变高校教育管理模式，加强学生与外界的互动，使外界更好地

了解高校教育管理模式与生活形式。在新媒体环境下，高校文化与外界信息形成互动与交流模式，促进高校文化建设向社会化发展。在教育教学中，教师将课程知识与外界时事新闻相融合，以案例教学方法为学生授课，促进课程知识与社会发展相融合，提高学生的实践能力，有助于培养应用型人才，为学生今后就业奠定基础。随着社会经济不断发展，高校发展成为社会重要影响力。高校良好的文化对社会发展具有较强的引领性，提高高校办学质量。

二、新媒体下高校文化建设策略

（一）促进传统媒体与新媒体的融合

在高校文化建设中促进传统媒体与新媒体相融合，实现两者互补，加强高校思想政治教育的全面传播。在新媒体环境下，不应该将传统媒体摒弃，传统媒体发展了这么多年，必定有发展优势，应以新媒体技术的渗透弥补传统媒体的不足，进而促进文化建设。以往文化传播中大都以传统文化为传播内容，在新媒体文化建设中应汲取这一优势，实现现代文化与传统文化相融合，增强文化感染力，一同引领与教育学生。新媒体的发展空间较广，具有较强的互动性与自由性，新媒体传播信息易使学生舆论导向出现偏差，为高校文化建设带来负面影响。因此，高校要深入研究数字化文化建设优势，关注舆论，以正能量知识引领舆论，增强学生明辨是非的能力，进而规范学生上网行为。换言之，高校在文化建设中应结合不同媒体特性，实现传统媒体与新媒体的互补形式，加强高校文化的舆论导向，进而促进高校文化建设。

（二）把握新媒体文化建设的主导权

信息技术发展到今天，新媒体已经成为高校文化建设主要形式之一，多数高校都能与时俱进，构建新媒体平台，促进高校文化建设与文化传播。针对新媒体平台给学生带来的不良影响，高校应以文化为导向，把握新媒体文化建设主导权，以社会主义核心价值观思想观念引领学生，通过开展志愿者服务活动、专题讲座、文化活动等提高学生人格素养，促进学生全面发展。高校在文化建设中应重视人才培育模式，推广素质教育理念、终身教育理念，不仅提高教师专业化能力与素养，还培育学生良好的道德品质。通过以文化引领学生，在新媒体平台中培育一批党员干部与学生干部，净化网络风气，传递学生正能量知识。根据学生身心发展需要，把握新媒体发展规律，以文化教育学生，增强学生明辨是非的能力，进而促进高校文化有效建设。

（三）树立学校整体形象

构建具有鲜明特色的文化环境是一项综合性系统工程，也是高校实现环境育人的办学宗旨。在营造良好的文化环境中应推进相关工作开展，为高校文化建设提供指导，切实有效地打造具有鲜明的文化品牌。新媒体环境下，注重挖掘校园文化底蕴，营造具有特色的文化环境，融入高校办学精神、文化底蕴，为高校师生提供良好的工作与学习氛围，促进校园文化进一步传播，使师生在校园工作、学习、生活中找到归属感与认同感，提高师生教学与学习积极性，使教师以文化为导向，为学生营造良好的教学氛围，学生发挥主观能动性，更好地学习知识。树立学校整体形象，好比一种无形力量，推动高校教育教学的发展，提高高校教育教学水平。在校园文化环境构建中应结合学科特性，烘托氛围，增强感染力，以环境激发学生的学习动力，发挥高校环境育人模式的作用。在文化环境建设中可以设立雕塑景观。雕塑景观具有特有的艺术感染力，是树立高校文化形象的可行性方法之一，对师生具有潜移默化的引领作用。此外，构建教研中学，开展校史文化研究活动，借助多媒体平台实现线上线下交流模式，增强学生参与性，让学生在线上获取知识、交流知识，在线下体验知识、分析知识，促进学生更好地理解高校办学史。

（四）构建主题网站

构建文化主题网站，引导舆论传播，有助于促进高校文化广泛传播。新媒体是一把"双刃剑"，任何人都可以在里面发布言论，一些不良信息会影响高校文化建设。基于此，高校应研究新媒体传播的内涵与特性，构建文化主题网站，采取有效的技术筛选信息，防范不良信息的扩散。要构建学术网站。衡量高校办学水平的重要指标是学术氛围，高校借助新媒体宽松的平台营造良好的学术氛围，促进师生、生生交流，提高师生学术修养，进而实现高校文化建设的有效性。要构建社团网站。结合高校社团活动，借助文艺活动视频、图片等宣传模式引领学生参与新媒体平台中，提高学生艺术修养。要构建爱国主义网站。增强学生爱国情怀、爱国意识，弘扬先进文化，促进学生今后更好地为祖国发展服务。要构建人文精神特色网站。以先进人物、感人事迹引领学生，帮助学生树立榜样，进而呈现积极向上的高校文化。

高校文化建设是提高高校办学质量的有力保障，是加强高校教育教学的重要力量。新媒体环境下为高校文化建设提供平台。因此，高校应掌握新媒体技术内涵与特性，结合高校文化建设性质，有效运用新媒体技术，促进高校文化建设，增强高校文化的引领性，促进高校走可持续发展路径。

第二节　高校文化建设与道德培养的关系

文化是主体人格的展现和成因，是高校赖以生存和发展的根基，是高校德育的构成要素和支撑杠杆。作为文化重要组成部分的高校文化具有重要的教育人、陶冶人、规范人等功能，是大学生道德人格养成的重要文化途径，是高校道德培养的重要载体，结合高校校园文化蓬勃发展的现状，对21世纪高校文化建设与道德培养的关系进行前瞻性的分析、研究具有重要的意义。

一、高校文化与道德

高校文化。高校文化是一种特殊的群体文化。角色有学生、院校领导、教职工；内容是课外文化；空间是校园；导向是育人。高校文化是知识、能力、人格的升华和结晶，有传承性、渗透性、互动性。

道德。道德，是一种社会意识形态，是人们生活和行为的准则和规范。道德有稳定性、规范性、社会性、层次性。

高校文化与道德的关系。前清华大学校长梅贻琦先生在《大学一解》中写道："学校犹水也，师生犹鱼也，其行动犹游泳也，大鱼前导，小鱼尾随，是从游也，从游既久，其濡染观摩之效，自不求而至，不为而成。"这段话表明了高校文化与道德的关系，也表明了加强隐性文化建设是"养成高尚人格的最好方法"。一部人类文明发展的历史包含着文化与道德的内容，文化与道德有着一定的内在关系，它们相互制约、相互影响、相互推进。

校园文化熏陶和影响着每个学生日渐成熟的品德、才华、体魄以及整个世界观。

二、高校文化建设与道德培养

高校文化建设。物质文化建设、精神文化建设、行为文化建设和制度文化建设构成了高校文化建设，它们全面、协调的发展是学校树立起完整文化形象的关键。精神文化是核心，是"学校精神"，是深层维度的文化，包括校风、教风、学风、班风和学校人际关系等。物质文化是校园文化的重要组成部分，是校园文化建设的基础，是完成道德培养的载体，是表层维度的文化，主要有校园环境、人文景观、教学设施、学科专业、师资队伍等表现形式，是大学长期建设的物质成果，也是师生长期劳动智慧的结晶，反映了大学历史、传统、特色和价值。大学物质文化建设的关键是使校园的物质形态都能体现其特有的大学文化信息，赋予物质形态以文化的韵味，形成特色浓郁的文化氛围。行为文化也是表层维度的文化。大学行为文化是大学师生员工所表现出的精神状态、行为操守和文化品位，是大学精神、办学理念、价值观的具体体现，反映了与社会大众群体行为文化相区别的特殊文化魅力。大学作为一种与社会政治、经济机构并存的功能独特的文化机构，承担着重大的社会责任，应当具有一种独立品格和价值追求。制度文化是中介维度的文化。大学制度是大学精神文化的具体化，是大学存在与发展的规范、规则，表现为大学在长期的发展和实践中形成的观念、习惯，约束着大学的办学行为，又为大学的生存发展提供保障条件。规章制度是大学进行教学、管理的主要依据，是对其他教育手段的必要补充，学生管理、教师管理、教学管理、生活管理，都需要制定并完善相应的制度。

道德培养。按照道德规范要求对道德行为进行有意识的训练和培养，称为道德培养。

高校文化建设与道德培养。高校文化建设是当前对学生进行道德培养的重要一环，具有育人功能。校园文化对道德培养具有重要作用：有利于营造良好的道德环境、陶冶情操的自然环境、积极向上健康进步的精神文化环境。我们必须站在历史的高度抓紧抓实抓好青少年思想道德教育工作，历史和实践告诉我们，谁拥有青少年，谁就拥有未来。

在社会转型之即，要教育青少年正确认识我国国情，自觉抵御各种腐朽思想的侵蚀；在开拓创新构建和谐社会过程中，要引导学生树立正确的世界观、人生观和价值观，鼓励他们树立适应社会主义市场经济的新观念，防止极端个人主义、拜金主义和享乐主义；物质生活水平提高了，仍要培养自力更生、艰苦奋斗的精神和坚强的意志。科技飞速发展了，社会生活领域也随之发生了巨大变化，青少年学科技用科技的热情空前高涨，但我们要防止一些人利用科技手段传播不利于青少年健康成长的色情、暴力、坑、蒙、拐、骗等行为，加强高校文化建设，强化青少年思想道德培养。

三、具体措施

可行性方案。

要本着艺术性原则，发掘环境文化。优美的环境、典雅的设施让学生受到艺术的感染，获得美的享受，对培养学生良好思想品德具有积极作用，犹如春风细雨、润物无声。可在教室里、走廊上，悬挂学生自己的作品、活动剪影、收集的格言警句，使学生充分展现自我，树立"天生我材必有用"和"为中华之崛起而读书"的信心，树立正确的人生观、道德观、世界观。创办院报、网站、爱国教育专栏，定时更换内容，为师生提供健康、向上的校园文化环境，荡涤心灵，升华思想。

把握教育性原则，发挥校园文化潜移默化的导向作用。校园文化是学校教育的一部分，具有教育性特点。加强传统优秀道德文化、基础道德文明、公德教育，以"厚德、敏学、砺能、致用"为宗旨，立德树人，全面提升学生综合素质。

结合社会焦点事件、重要纪念日、身边事例等，开展以思想道德教育为主题的校园文化活动。如结合"钓鱼岛"事件，进行爱国主义教育；结合中国作家莫言获得诺贝尔文学奖、天宫一号与神舟九号载人对接成功，开展理想信念教育；用"听得见的声音，看得见的身影"感染、教育、激励更多的人。3月举行"学雷锋"活动，树立典型、激励学生进德修业，敏学笃行，激励教职工教书育人、敬业、创新；9月举办"优秀学生先进事迹"报告会，用身边的榜样教育和激励新生进校就志存高远，锐意进取，求真务实，追求卓越，促进优良校风学风的形成。

充分发挥学生社团组织的积极作用。社团是校园文化活动的主力军，在社团，大学生可以自我管理、自我教育、自我服务，实现知行的统一。成立"校园文学社"，指导学生参加读书征文比赛和书画摄影活动，走出校园，走入社会，把握时代脉搏，与时俱进；成立"音乐、舞蹈协会"，丰富课余活动，激发学生无穷的想象力和创造力，展示青春的活力和风采，促进整体素质的提高；成立"计算机协会""营销协会""营养协会"提高学生学科学用科学的热情，培养用自己的专业技能回报社会的意识；还可以组织社会实践课，走出校园，在社会这个大熔炉里观察和思考、学会做人、学会动手。

在"世界读书日"，校社团联合举办"弘扬好学风，传递正能量"读书月活动，进行诗歌、散文朗诵比赛，形成浓郁的读书风气，在好读书、读好书中提升思想水平，提高文明素质。开展"宿舍文化节"活动，提高宿舍文化品位、陶冶性情、丰富课余文化生活，引导学生自觉遵守学校宿舍管理的规章制度，增强团结合作，增加凝聚力，创造和谐美丽校园。在"国际志愿者日"，开展多项活动，参加义务献血，感受勇于担当的社会责任，感受实现自我价值提升的快乐，走进敬老院、福利院，开展"敬老爱老助老""爱幼助幼护幼"活动，培养青年的公民意识、奉献精神和服务能力。

加强校园文化载体和阵地的建设。既要对宣传橱窗、报纸杂志、广播、电视等传统载体进行把关和引导，又要重视对网络文化的引导与管理。网络正悄然改变着人类的生活和生存方式，正强烈冲击着传统的文化与教育，影响和改变着当代大学生的道德情感和道德观念，它犹如一柄双刃剑：有正面的、积极的一面，又有负面的、消极的一面，净化网络文化环境尤为重要。

尚存问题的分析与解决。

价值观问题。市场经济促进中国经济飞速发展，也冲击了大学生的价值观：政治信仰动摇、价值取向扭曲、社会责任感缺失、重物质利益轻无私奉献……社会转型期，也是大学生价值的反思、裂变、更新和塑造期，需要以社会主义核心价值观来加以引导。

理想信念问题。人生最可怕的敌人就是没有坚定的信念，帮助学生树立崇高的共产主义理想和信念，用理想信念的明灯照亮人生的路。

国情认识问题。中国特色社会主义建设有艰巨和复杂性，国际国内制约因素很多。鼓励学生放眼世界，剖析国情，树立战胜困难的信心和敢于担当强国重任的勇气。

网络净化问题。网络的开放性、平等性、虚拟性、自由性、包容性、渗透性，是一把"双刃剑"，为各种文化的交流和发展提供了条件，同时也为腐朽思想、封建迷信、颓废情绪和色情暴力提供了方便。用开放的胸襟加强与各种文化的交流，吸收精华，弃其糟粕，使网络成为校园文化的一道亮丽风景。

高校文化建设顺应和谐社会的发展方向，是陶冶学生情操，树立正确价值取向的保障，是高校道德教育的重要组成部分。高校文化的教育与熏陶贯穿当代大学生人文修养塑造的始终，其内容博大精深，其教育与示范作用潜移默化地影响着当代人的心智，是中华民族在生息繁衍中形成的精神成果的浓缩，是道德教育的良好媒介，对于建构当代大学生思想政治教育体系意义重大。思想道德教育是教育的关键，加强思想道德培养刻不容缓，我们应通过文化建设在大学生道德教育中的价值实现，探讨有效的大学生道德教育方法，为高校培养高素质的人才。

第三节　基于创新人才培养的高校文化建设

在当前高校发展和建设中，探索和创新高校文化建设和发展的有效路径是高校人才培养的重要举措，在和谐、民主和自由的高校文化氛围中，以完善学生人格为目的，以弘扬创新精神和培养创新意识为任务，健全创新人才培养，以物质文化、精神文化、制度文化建设为支柱，坚持"以本为本"教学培养思路，以学生为中心，重视学生的创新思维教育，解决高校文化建设中创新人才培养问题。

高校文化的建设和发展是以高校物质文化、制度文化、精神文化建设为基础，坚持在教学过程中深化理论与实际的结合，探究创新人才培养路径，肩负起高校文化在新时代中国特色社会主义发展中的时代使命。高校创新人才培养一直是我国文化繁荣、强国发展之路上的重点和热点问题，因此如何营造校园健康良好的文化育人氛围，培养学生创新意识，培育新时期创新人才，是高校文化建设的主要方向和任务。

一、基于创新人才培养的高校文化建设问题分析

人才培养是高校教育的第一要务，在新时代全国高等学校本科教育工作会议上，教育部部长陈宝生提出本科教育的"四个回归"，并且强调了高校要回归大学的本质职能，把"培养人"作为高校文化建设的根本任务。高校发展和建设思路的调整要回归本初的意义和目的，高校的培养目的不仅是科研和学术，而且还有教学和育人，要把人才培养的质量和效果作为检验一切工作的根本标准。为此，高校文化建设不可能闭门造车，以文化而论文化，应积极探索人才培养路径，尤其是学生创新意识的培养和加强，进一步完善高校文化建设，并从三个层次入手研究现状和分析问题：一是宏观的社会文化环境建设，二是中观的高校本身的校园文化建设，三是微观的学生主体文化建设。

社会风气的不良影响。在市场化和经济化的驱使下，社会上存在的功利主义与浮躁情绪在一定程度上影响了高校文化的发展和建设，甚至其负面效应使高校文化建设在某些方面偏离了人才培养的主体使命和方向。

一是在高校文化建设和运行中存在行政化和商业化倾向，致使把学术与科研作为衡量大学教育高低的标准，也作为教师晋升职称的标准，而教师则将申报科研课题作为工作的首要任务，而对本科教学的基本工作疲于应付。

二是学生忙于追求体面高薪的工作，而忘却了追求真实的学术和创新才是学习的目的和意义。同时，在"适应论""生存论""工具论"等浮躁、功利思想的影响下，大学生在做人、做事上出现失德失范的行为表现，在价值判断、人生规划和理想追求上更是不切实际，甚至处于迷茫状态。这些问题的产生来源是宏观社会文化环境的影响，但是这些现象不仅是社会对高校的影响，也表明高校文化育人本身存在问题。

高校文化建设不足。首先是物质文化建设不足。物质文化建设应以学生的内在需要为导向，应突出建设的创新性。大学建设是国家发展和综合国力的体现，也是社会发展、文明进步的一部分，应展现出开放与包容的姿态。然而，当前我国大学建设仍以"围墙内的大学"为主要模式，虽然突出了学校的庄严肃穆，但是也反映了封闭思想的弊端，使高校与社会缺乏亲和力，威严的建筑和至上的讲台不仅减少了教师与学生、学生与学生之间的交流，而且缺少活跃思维对创新意识的激发，也就不利于创新人才的培养。

其次是制度文化建设不足。制度文化建设应体现高校文化的稳定性和高校教育的公平与民主，是促进高校文化建设与社会发展相融合的有效途径。虽然高校秉持"以学生为本"为理念制定相关制度，但只流于喊口号、挂条幅、写总结等面上文章，在实际执行中尚缺乏层次性和系统性。

再次是精神文化建设不足。精神文化建设是高校凝聚力的体现，同时也反映了高校的办

学水平。然而目前高校精神文化在建设过程中过度考虑了看得见的表面工作，而忽视了思想观念的深层次培养。培养大学生正确的价值观、人生观、世界观，提升大学生在复杂的中西文化交错中对高校文化的认同感和归属感，在新媒体网络时代背景和多元化思潮的冲击下尤显重要和紧迫。

二、创新人才缺乏动力

一是学生在知识学习上处于被动，缺乏对求真、求知的深度思考。科研、事务性工作的影响，导致教师课上只关注于单方向的知识灌输，忽视了学生的发散性思维训练和培养，在教与学中缺乏互动、质疑和沟通等环节，阻碍了创新人才培养。

二是受中国传统文化中"从师心理"的影响，以及我国教育制度现状和惯性的影响，导致学生唯分数是从，忽视了学习的真正目的是追求真理、真知和真情。如果这种思维成为定式，就会使学生在思考问题、解决问题时出现千篇一律的解决办法，思维的惯性和机械地重复不仅会严重影响创新人才的培养，甚至会使学生的培养进入误区。

因此，教师应在教学过程中鼓励学生敢于批判和质疑教师的观点，不盲从教材和教师的权威，打破思维定式和惯性思想，破除思想偏见。

脚手架材料的使用对脚手架工程的安全有着重要的影响，所以在进行脚手架的搭建时，首先应该选择合适的材料，切忌为生工减料选择安全标准不达标的材料，在使用之前，要对脚手架使用的钢筋、钢管以及相应的扣件按照相关的安全标准进行严格的监测，或者使用经过正规单位合格检验的材料，所有材料达标之后才能进行搭建工作，另外，在使用材料进行搭建的过程中也要做好检验工作，检验是否有损坏或者是破旧的材料，一旦发现要及时进行更换，最后在安装过程中要对钢管等相关材料进行防滑、防锈处理，这样不仅增强了脚手架使用的安全性，而且也提高了脚手架的使用年限。

促进传统文化创新观念。传统文化中对创新思维的影响既有消极因素也有积极因素。如何有效利用和发挥传统文化创造性思想的正面导向作用，是促进创新人才培养的重要手段。一是挖掘和弘扬传统文化中的独立思想，在"双创"背景下具备独立自主的人格是创新人才最重要的人格特征，如孟子把"富贵不能淫，贫贱不能移，威武不能屈"的大丈夫气概当作理想的人格追求；二是中国传统文化蕴含着对追求真知的质疑态度和怀疑精神，而这样的问题意识和怀疑精神是创造力的源泉，如"尽信书不如无书"的说法，这说明中国的传统文化中具有独立思考的怀疑精神；三是"和而不同"的处事做人方式是创新的思想基础，体现了中国传统文化中健康而富有创造性的一面，真正具有创新意识和思辨能力的人与他人交流和讨论时，不固执己见也不盲从他人，而是从客观现实和个人认知相结合的角度获取真知，以理性思维和辩证方法分析与他人观点的迥异，批判性地检验问题；四是"崇尚科学、崇尚理性、崇尚思考"，这是中国传统文化在长期的实践活动中形成的理念、标准和规范，面对多元文化并存的社会发展现状，不仅要重视本土文化的功能和作用，同时也要客观、公正地剖析和接纳外来文化。

因此从这个视角分析，对于中国传统文化的传承，并不是阻碍创新人才培养，而是我们没有多维度、深层次研究中国传统文化的精髓，在对中国传统文化的传承中我们应该利用有价值的资源促进创新人才培养，发挥其推动创新人才培养的重要作用。

加强高校物质文化建设。高校物质文化建设是学校综合实力的体现，是校园文化传播和发展的载体，从高校文化规划和建设的实际上看，对于促进创新人才的培养有着不容忽视的作用。

完善校园文化环境和布局。以高校物质文化建设面临的问题为导向，应从以下两个方面强化对高校物质文化的建设：第一，以加强高校思想政治教育为核心，发扬本土文化的民族性，挖掘传统文化的时代性，探索校园文化的鲜明性，处理好外来文化、新文化和校外文化的合理融合和融入。第二，突出高校物质文化建设的宣传，积极促进高校文化"走出去"策略，向社会展示高校文化的魅力和实力，传递高校文化的"正能量"，如：校企联合培养、城市风貌建设、社区文化宣传等，通过活动宣传校园文化对社会的作用和意义，体现校园文化的价值，获得社会各方力量对校园物质文化建设的支持和帮助。

推动创新校园文化建设。创新校园文化建设的主力是高校师生，因此推动创新校园文化建设是挖掘高校创新人才的直接方式，可以通过以下两个路径实施：第一，设立"创新校园文化风景线"项目，通过专项资金投入，建立专项财务管理制度，成立创新校园文化学生团队，并联合教师和相关专家总结以往建设的经验和缺陷，促进校园文化建设。第二，加强高校师资队伍的建设，以培养创新人才为主，以引进创新人才为辅，加强专业学科与师资队伍联合培养和建设，增设创新人才培养课程，设置开展专家创新讲座。以科研发展为基础，以创新教育为途径，以培养高校创新型教师为目的，搭建校园文化建设创新平台，构建创新校园文化风景线的核心师资力量。

构建新媒体创新传播教育体系。一方面，教学设施应适当推广开放型教室、活动性教室和新媒体教室，建立师生之间便捷、轻松的教学氛围。另一方面，要充分利用现代先进数字化和科技化教学模式引领大学生的学习和交往，传播先进文化和创新能量。

从形式和内容上加强新媒体创新传播教育：一是利用博客、校园网、官方网站和电子期刊等媒介形式，为学生提供可借鉴的创新形式和成果，提高校园文化对创新人才的重视程度，营造师生共同学习和创新的氛围。二是促进高校创新教师和学生之间创新信息的交流和应用，通过新媒体微信、BBS等媒介及时了解学生对创新成果的反馈，使创新与学生的学习生活紧密结合。

加强高校创新制度文化建设。

建立"以人为本"教育管理机制。高校制度建设要以尊重各方意见为前提，建立高校"以学生为本"的教育管理机制。第一，要以明确的办学理念为宗旨，以科学规划为指导，以制度规范化为目的，完善相关的配套管理制度，实现校园教育和管理"以人为本"建设。第二，在制度建设和实施过程中要坚持发挥学校党委领导的核心作用，实施高校全员育人体制，健全校园文化建设的组织机构，建立与社会各方的沟通交流平台，完善制度文化的运行保障机制，使创新思路有人想、创新信息有人听、创新成果有人用。

建立"创新人才"教育培养机制。为体现学生的主体性，促进学生个性化发展，要制定以发挥学生个性化为目的的创新人才培养方案，使学生在导师指导下参加科研和学术活动（包括科学调研、社会工作研究和实验室工作等），学校要为优秀学生提供相应的学习条件和机会，搭建平台和桥梁，如校际交流的学习、集体培训活动等，并建立相应的激励机制刺激人才的创新动机。

一方面，加大对高层次创新人才的待遇倾斜，重视和提高具备创新技能教职工的待遇，为"创新人才"优绩优报提供具体可行的政策和途径。另一方面，学校应深化与企事业单位的合作，设立系统的创新培养机制，举办校园创新技能大赛，设立学生创新专项奖学金，促进学生对创新能力重要性的认识。同时，创新要进课堂，教师在教学过程中鼓励学生的创新思维，并以相关知识强化学生的创新行为和意识，以多样灵活机制保障和推进创新人才培养的高校文化建设。

推动高校创新精神文化建设。

构建自由个性的高校精神。第一，全校师生要有爱校情怀，愿意继承和弘扬本校多年来积淀下来的优秀校园文化传统，这种文化传统是推动和激发学生学习动机的精神力量，也是学校所独有的、个性鲜明的精神力量。第二，加强"三风"建设。校风建设为根本，它是长期办学过程中由学校师生共同形成的思想行为作风；教风建设为途径，它是高校教师在教学过程中面貌和态度的反映；学风建设为目的，它是学生在学习过程中学习态度、学习积极性的表现，为构筑个性鲜明的高校精神，应加强"三风"建设，营造稳定中发展的高校文化环境。

倡导自由开放的学术氛围。教育教学和学术研究要避免功利主义思想，建设自由开放的学术环境。第一，加强校园思想政治教育，认清和杜绝不良文化对校园文化的侵袭。社会的功利主义思想严重影响了高校学生对事物的理性分析和对人生价值的认知和追求，要不断加强高校思想政治教育，培养学生对创新思想作用和意义的本质认识，充分利用学生的创新意识和能力，占领学生的思想阵地，培养学生利他思想和服务意识，在学习和生活上避免功利主义。第二，结合社会监管体制，净化校园周边环境，加强校内外文化传播的监督，使高校摆脱"适应论""生存论"和"工具论"观点的侵袭，让教师和学生重视高校文化育人的"价值理性"。第三，高校应努力让学术回归真实和创新的本源，使学术自由成为教师和学生学习知识、追求真理的原动力，营造自由主义的文化氛围。

同时，减轻教师教学科研压力，要在充分思想交流和知识沉淀中锻炼和培养学生对科学的追求与探索。高校要营造自由开放的学术环境，一是需要和谐的校园人际关系，自由开放的学术环境需要良好人际关系的支撑，同时良好的人际关系也是活泼的学习和成长环境、有情怀的校园文化、有温度的课堂氛围的具体体现。二是构建宽松的心理文化环境，这是创新人才培养的重要心理因素，是学生敢于质疑、假设和构想的心理基础，因此高校教师不仅在课上要积极与学生交流和讨论，而且在课下也要注重对学生的情感投入和培养，使学生有时间、有精力、有信心加强自身的创新能力培养。三是教师改变传统教学模式，营造民主的课堂文化环境，以宽容的心态对待学生的问题和观点，甚至是质疑和挑战，使创新意识培养融入教育，进入每一堂课，不仅要提升学生学习积极性，而且要提高学生学习的悟性，使创新意识成为学生学习的环节。

第四节　文化育人视域下的高校文化建设

文化育人是高校思想政治教育工作的重点，更是一种特殊的教育。文章主要从网络文化、校园文化、传统文化和制度文化四个方面进行育人功能的分析，进而从以下四个方面提出了建议和思考：发挥新媒体优势、开展丰富多彩的校园文化活动、培养学生树立理想信念、加强学生日常行为规范。

一、文化育人的背景

党的十九大报告指出，"中国特色社会主义文化是激励全党全国各族人民奋勇前进的强大精神力量"，也再一次强调"文化强则民族强"。当今，在习近平新时代中国特色社会主义思想的指引下，作为高校思想政治教育工作者，要坚定不移地增强道路自信、制度自信、理论自信和文化自信，这是新时代给予我们的重要命题。高等学校肩负着传承优秀传统文化、持续推进文化创新的重要使命，在人才培养上，在加强文化育人功能上发挥着巨大的作用。

习近平总书记在全国高校思想政治工作会议上指出："要坚持把立德树人作为中心环节，把思想政治工作贯穿教育教学全过程，实现全程育人和全方位育人，努力开创我国高等教育事业发展新局面。"同时，他还特别强调"要更加注重以文化人、以文育人"。由此可见，文化育人是当前高校思想政治教育的重中之重，也是文化价值的本源。思想政治教育的文化创新不论是形式还是内容，都必须以中国特色社会主义的具体实践为指导，社会主义核心价值观教育过程的本质在于提升受教育者的文化主体性，促进其自主性地认清自身所处文化环境的价值意义，更好地实现自我价值诉求。文化育人要求以优秀文化和正向价值观作为引导，不断教育学生树立正确的人生观、世界观和价值观，引领学生培育积极向上的思想和传播正能量，从而使学生达到真善美，实现立德树人的价值追求。

文化育人属于一种特殊的教育。教育具有润物细无声的特点，往往在潜移默化中促使学生全面成长成才，目的是促进学生的社会化。在学术研究上，刘克利认为："相对于知识教育，文化育人更强调文化整合能力的提高与培养。这种文化的整合能力往往通过内化、积淀为人的心理结构，形成一定的人格。"宋惠则认为："以文化培养人，小而言之就是人品、个人修为和学识的养成，大而言之就是文明的继承与薪火相传。"因此，文化育人的实质就是将外在的文化熏陶内化于心，使优秀的文化根植于学生的内心深处，在长时间的积淀和塑造过程中，形成健全的人格和完备的能力。

二、文化育人的四个途径

网络文化育人。随着信息技术的日益发展和互联网的逐渐普及，文化形态也变得丰富多样；网络文化作为一种新型的文化形式，具有传统的校园文化无可比拟的优势。这种新型的校园文化，影响着大学生的人生观、世界观和价值观，影响着他们的行为习惯和处事方式，同时也影响着学生的情感和情绪。

总体来说网络文化具有以下几个特点：

网络文化的开放性。高校大学生是新时代的"95后""00后"，他们的身影经常活跃在互联网上，无论身在何处，只要拥有上网的设备并且开通网络，都可以在网上发表自己的言论，或根据自己的爱好和意愿在网上从事线上活动，这说明网络文化具有开放性。大学生群体正是接受这种开放的网络文化的主要群体，高校正以开放的姿态与社会文化进行不断交流和融合。

网络文化的快捷性。随着新媒体时代的不断发展，大学生能够随时随地了解国际国内发生的大事，在第一时间掌握有效的信息和资源，新媒体传播速度始料未及，网络阵地也日趋多样化，如微信、QQ、论坛、贴吧等，也是高校思想政治教育的主要阵地。

网络文化的多元性。网络文化良莠不齐，具有极大的两面性，这既给高校的思想政治教育带来机遇，同时也带来了巨大的挑战，大学生在网络交流中有平等的空间和自由的平台，繁荣网络文化，有助于教育引导大学生，提高育人成效。但是不可忽视的是，一些不良的网络思想文化也会腐蚀一部分大学生，这使大学生的身心健康受到一定影响，同时也不利于现代高校推进良好的思想政治教育工作。

校园文化育人。与企业文化相比，校园文化具有自发性、多元性、不易管控的特点，一些文化、习俗较为传统，较难把握时代脉搏。基于此，高校要形成以文化育人为核心的校园环境，使高校文化气息浓郁，育人功能完善。校园文化育人主要体现在以下两个方面：

积极向上的校园文化有助于培养心智健全的大学生。教育是让文化不断渗透到学生成长和发展中的过程，文化育人正是发挥了无形的积淀和培育作用，让学生在日常学习和生活中更加全面、和谐的发展。大学的教育是一种有计划、有目的的文化过程，教书育人、管理育人、环境育人、服务育人，这四个方面都在形成合力，共同塑造学生的人格和品质。如学生一直处于积极向上的校园文化中，那么他们的人格将会更加健全，更大程度上具有正确科学的三观。

消极落后的校园文化会给学生的成长带来反作用。当前，一些高校中存在文化的"拿来主义""评奖主义"等不良风气，这种导向会使得文化无法根植于学生内心，从而给学生的成长带来不良影响。在日常的学习和生活中，学校环境会影响学生的言行举止，学风和教风会影响学生的向学积极性和主动性，校园活动会影响学生人际交往、组织沟通、计划控制等综合能力的培养，教育理念的偏差甚至会影响学生未来的成长和发展。因此，作为高校思政教育工作者，要引导、传播积极向上的校园文化，将德智体美渗透到校园文化活动中，促使学生得到全面锻炼和提升。

传统文化育人。目前大学生对传统伦理道德的认识还需进一步提升，一些学生在传统文化行为上不作为，对于国内的传统节日，需要进一步对新生代大学生进行教育和引导，从而达到弘扬我国优秀传统文化的育人目标。现如今，大学教育偏重于对专业知识的传授，课本上很少涉及传统伦理道德，因此大学生普遍对传统文化的认识不够深刻。传统文化的重要性与日俱增，其育人功能主要体现在：

校风校训育人。目前，很多高校的校风、校训都来源于古代经典文化著作，有非常深刻的寓意和内涵。学生在大学四年的求学时光中，能够时时刻刻感受到这种文化的熏陶，尤其是新生刚刚入校之时，若能利用好这一文化对新生进行入校教育，不仅能培养他们对学校的归属感，增强文化修养，还可以让学生更深层次地了解学校的文化特色和办学宗旨，感受中华优秀传统文化的博大精深，进一步明确自己的使命和职责，这便是最好的入学教育。

传统文化课程及活动育人。学生的日常生活离不开课程和活动，可以通过开设一些传统文化通识课或开展传统文化的学习活动等方式，让传统文化育人渗透到学生的日常生活中，这有助于培养学生自觉接受传统文化的熏陶，还可以让学生了解传统文化的精髓，感受传统文化的魅力。在传统文化通识课上，增强对传统经典的阅读和讲解；在活动上，比如开展国学知识竞赛、民族文化研修报告、传统节日主题团日活动、中华书画优秀作品展等让学生真正走近传统文化。

制度文化育人。制度文化就是行为的规矩，目的在于让大学生规矩做人，规矩做事，规矩学习，规矩创新。大学校园文化的制度，不仅是一种教育学生的规范，同时也是一种推进高校立德树人的价值趋势。通过校园文化规范与制度的教育实践活动，可使大学生受到制度的熏陶与洗礼，拓展大学生的知识视野，增强他们的社会责任感，培育实践精神和创新能力，提高综合素质。

制度文化整合了校园中的正能量，对学生的发展起到日益重要的作用。制度化形式外化于全体师生的日常行为，使学生在校园环境中形成的行为习惯、价值观念和伦理思想与高校人才培养目标相一致。学生从众心理较强，形成的群体力量对个人的思想、行为、作风的影响较大。比如校园内规范的文件，通过规章制度，为大学生行为标准提供了内在尺度，促进大学生的全面发展。高校主流文化精神要通过显性的制度文化得以体现，实现对大学生精神和人格的塑造。

三、文化育人的建议和思考

利用新媒体平台优势，发挥网络文化育人功能。党的十九大报告中提出要建设网络强国，在"互联网＋"的时代背景下，网络作为一种方便、高效的载体和平台，发挥着重要的文化育人功能，在此平台上，尤其是在当下新媒体浪潮的推动下，网络传播先进的文化理念和信息，学生是网络上最活跃的群体，也是最依赖网络的群体，高校思想政治教育工作者要充分利用学生的这一特点，创新新媒体载体和传播方式，运用新媒体平台为学生提供更多学习和活动的机会，从而改变他们的学习习惯和生活习惯。网络文化育人要坚持寓教于乐的方式，深入大学生的日常生活中，在新媒体平台中提供学习平台，加强思想引领，传播正能量，便于让更多的学生接受，从而逐步提升学生的学习积极性和主动性，增强高校思想政治工作的成效。

用习近平新时代中国特色社会主义思想占领高校网络阵地。这就要求高校思想政治教育工作者把握意识形态的方向和阵地，牢固树立社会主义核心价值观，弘扬网络正能量和社会主义先进文化主旋律。比如成立并培养高素质的高校网络思想政治教育队伍，加强网络舆情监督机制，开展有利于大学生发展的网络文化活动，有针对性地对大学生进行教育。针对大学生这一活跃的群体，新媒体的影响已逐渐深入高校学生的生活和学习的点滴之间，甚至改变了他们的生活习惯和学习行为。同时，结合传统媒体的育人方式，形成线上线下的思想政治教育工作的合力，扩大网络文化育人的覆盖面，充分发挥网络文化育人的功能。

教会学生客观理性甄别网络文化。与传统的纸质媒体有所不同，网络文化的信息呈现海量化和多样化，网络上的文化鱼龙混杂，难以甄别，学生通过网络平台能够第一时间搜索出自己感兴趣的事件和话题，同时网络的传播速度异常之快，信息的传播渠道也具有多样化的特点，所以作为高校思想政治教育工作者，一定要充分利用新媒体平台传播符合社会主义核心价值观的优质信息，这些是有助于学生成长成才的，教会大学生辩证合理看待"网络文化是把双刃剑"。

利用图文声并茂的特点，提高文化育人的实效性。网络文化可以兼具声音、图像、文字等元素，表达方式更为生动活泼，对学生更具吸引力，作为一种重要的育人方式，可以提高思想政治工作的层次和水平，也越发成为文化育人的重要阵地。当今社会，高校思想政治教育工作的对象大多为"95 后""00 后"，他们的思想较为活跃，特点是较为乐意接受新事物和新思潮，网络文化正好迎合了当代大学生的特点，学生通过网络文化，可以较为直观快捷地获取有用的信息，思想政治教育工作也更加深入。

开展丰富多彩的校园文化活动，发挥校园文化育人功能。这要求高校思想政治教育工作者努力形成以文化育人为核心的校园环境，尤其针对理工科类院校，要培育浓厚的文化气息，增强育人功能。高校思想政治教育工作者作为校园文化活动的指导者、组织者与参与者，要将德、智、体、美渗透到校园文化活动中，既要体现办学特色，又要让学生在活动中得到全面锻炼和提升，达到文化育人目的。此外，通过社会实践活动的开展，使学生将理论与实践相结合，更进一步认识社会，了解社会对人才的需求，从而激发学习斗志，切实发挥高校社会实践活动的作用，建设优良学风。

增强学生的爱校荣校意识，积淀校园文化感染力。大学的文化环境使人在潜移默化中产生思想上的变化，学生在学校受到的是长期发展积淀下来的精神和熏陶，因此校园文化育人是春风化雨的。在新生入学之际，做好入学教育，增强他们的爱校荣校意识，在平时向他们渗透优秀的校园文化和校园精神，将校史、校训、校情的教育融入他们的生活中，同时抓住重要时间节点对学生进行教育，比如校庆日等，让学生的学习和生活中充满母校的文化熏陶，从而坚定理想，增强信念，形成对学校、社会乃至民族、国家的价值认同。

增强实践育人的实际效果。实践是大学生获得认识的源泉，也在很大程度上使大学生树立正确的三观，从而增强思想政治教育工作的效果。文化育人的本质就是让"润物细无声"的文化充分融入大学生的日常生活和学习中，进而理论指导实践，从文化育人变为实践育人。一方面，高校思想政治教育应利用好团学组织这个载体，通过主题鲜明的文化实践活动，让学生投身实践，增强创新精神和奉献意识；另一方面，立足主题教育活动，有针对性地开展大学生思想政治教育，在日常学习和生活中培养学生的社会责任感。

树立理想信念，汲取先进文化精髓，发挥传统文化育人功能。对学生进行思想政治教育，最重要的是让学生从思想上意识到学习的重要意义，加强理想信念教育，引导和教育学生树立正确的人生观、世界观和价值观。首先要让他们端正学习态度，培育和践行社会主义核心价值观，此外还要强化学生的专业思想意识，抓住关键的时间节点，比如新生入学期间开展专业介绍等，培养学生对本专业的热爱，从而激发他们的学习兴趣，让学生从被动学习逐渐转变为主动学习。

坚持中国特色社会主义先进文化的主导地位，充分发挥其引领作用。说到底，就是要坚持马克思主义的指导地位，坚持中国共产党的领导。这就需要高校思想政治教育工作者积极弘扬优秀民族传统文化，继承和发扬民族精神，做好大学生的思想引领工作。当前，中国已然进入崭新的时代，这个时代也是文化大繁荣大发展的时期，是世界文化相互交融、相互渗透的关键时期。文化的多元性对高校思想政治教育者的工作带来了一定的冲击，大学生出现了政治上的迷茫和对主体意识形态的怀疑，这就要求不断教育大学生科学对待外来文化，坚持弘扬中国特色社会主义先进文化，明确基本的道德规范，做好学生思想上的引领者。

弘扬优秀传统文化，避免丧失民族性。民族文化是国家和民族的基因，中华民族伟大复兴是包括文化在内的全方面复兴，因此高校思想政治教育工作者要让学生充分明白中华民族优秀传统文化的博大精深和丰富内涵，要积极组织大学生学习和传承优秀传统文化，在思想政治教育工作中融入更多丰富的内容。一方面，积极开展形式多样的学经典、诵经典活动，开展弘扬优秀传统文化、铭记传统节日的主题活动；另一方面，要加强自身的理论水平和道德修养，做中华民族优秀传统文化的忠实继承者和弘扬者。在教育学生的过程中，要避免丧失文化的民族性。

加强日常管理，使学生树立行为规范，发挥制度文化育人功能。培养学生成长成才，关键在于依靠高校思想政治工作者加强学生的日常管理，这体现在抓好日常考勤、打造和谐宿舍文化氛围、加强考试考风纪律教育、开展学科竞赛等方面。对于规章制度，要求学生严格遵守和执行，并加强管理，形成良好的学习生活氛围。制度文化的确立，包含着"以学生为本，为学生服务"的核心思想，这渗透到大学生日常生活的点点滴滴中，让每一位大学生参与到班风文化、宿舍文化中去，逐渐培养他们的主人翁意识，同时在一定范围内产生影响力和示范性，树立榜样和标杆，加强大学生的文化修养。

在高校顶层文化层面上，构建全方位育人的制度。在组织机构、规章政策等方面要坚持立德树人，同时，在规章制度建立之后，需要不断督促和鞭笞学生们去遵守，要让他们具有"底线意识"和"规矩意识"；正所谓"不以规矩，不成方圆"，高校学生需要通过四年时间构建起符合国家、社会、学校标准的行为规范，是他们步入社会的基础。规定的制度也是学校立足的根本保障，高校的校园文化应逐渐成为当代中国先进文化的重要组成部分。

在高校精神文化层面，形成良好的集体行为风尚。文化学认为，没有文化即无人格。所谓人格是个体在特定文化状态下的生存样态，是一种文化的产物。校园的精神文化是制度设计的一个重要部分，同时，精神文化也是制度设计的一个重要体现。高校师生在教育教学、学术研究、学习生活、管理服务等方面的一言一行，都要符合校园精神，这为文化整体的协调互动提供一个良性有效的秩序。在大学生民族文化认同与文化自信缺失、社会需要广泛培育社会主义核心价值观的当今时代，文化育人的主要目标是针对当前大学生实际，结合社会主义核心价值观教育，将民族优秀传统文化融入学校教育的全过程，融入大学生日常学习生活的方方面面。

多措并举，充分发挥不同文化载体育人功能的合力。"文化育人"的重点在"育"。"育"既包含思想政治教育、文化素质教育等有形的教育，也包含大学精神和理念等精神文化的激励熏陶、校园文化的浸染、制度文化的规约等无形的教育。教师在课堂上传授知识，这是文化育人最基础的内容，也是文化育人的主要阵地，学生在第一课堂学习到的知识是大学文化育人之首。全国高校思政工作会议上所提出的"思政进课堂"，正是充分强调了第一课堂的重要作用。此外，第二课堂的文化育人作用也是不可或缺的，这是对第一课堂的重要补充，促进大学生知行合一，理论与实践相结合，从而提高高校思想政治教育工作的实效。

第五节　文化重构视域下的当代高校文化建设

高校是人才培养的主要场所，是传播先进文化，发展先进理论的前沿阵地。高校从它诞生之日起，就直接承载着通过教育的形式传承文化，又通过科学理论研究不断创新文化，引领社会文化发展方向的历史使命。因此，教育始终是高校重要的社会责任，并通过对人的教育，从而达到传承和创新文化的目的。这就从根本上决定教育的本质是通过文化来促进人的全面自由发展，使文化创新活动能不断地延续下去。高校的校园文化建设始终是高校整体建设系统中的重要环节，校园文化优秀与否直接关系到高校的学术气质和整体竞争力。高校文化建设是国家文化软实力建设的重要组成部分，如果说硬实力是高校的躯干，那么软实力则是高校的灵魂。

一、校园文化建设是高校系统性改革的助推器

高校系统性改革和高校文化建设之间有如花和土壤的关系，要想让"改革之花"开得更好更鲜艳，就需要更多来自土壤的给予。可以说，高校文化建设和高校改革是整个教育体系改革同一过程的两个方面，高校变革能走到什么程度，很大程度上取决于高校文化这一土壤的涵养能力。

高校文化关注的核心是一所高校的价值取向。那些能够在一所高校的发展过程中起着潜移默化决定性作用的东西，才是最本质的东西。如果把高校文化比作一座"冰山"，那么支撑冰山的、半隐显的部分就是一套为学校成员所共享的价值观和信念体系，显性部分就是学校成员的"做事方式""活动仪式""校歌""校徽""校训"等，这些外显的成分应该建立在"隐性的部分"之上，隐性与显性成分构筑成一个整体。因此，文化的核心部分是隐性的，要研究文化、理解文化、建设文化就不能只流于表面，不能只看高校的外在环境，不

能只听他们说什么，而应该着重外在现象背后的内涵结构，关注人们所共享的信念体系和精神范畴。有些时候学校有着光鲜的外表，而广大师生员工却并不感到幸福，没有实实在在的"获得感"。我们所谓的好的高校及好的高校文化，一定有一种积极进取的精神，有一种能够引导所有高校成员积极向上的信念与追求。高校文化的核心价值在于以人为本，求真育人。这种共同的价值观影响着高校成员外在的做事方式、学校的教学实践以及广大师生员工的行为方式。它潜移默化地影响高校的每一个角落和每一个师生员工。高校文化是高校成员赖以生存的隐性支撑力，群体共享的"精神生命"，它潜在地指引着高校成员该做什么，不该做什么。当前，很多高校每年都会评选一些诸如"感动校园十大事件""最美教师"等活动，也是在从另一角度挖掘和传承一所高校的历史传统和时代精神，在实践中取得了良好的效果。

二、"功利主义"——高校文化的时代表征

当前的高校文化，一个突出特点便是"功利主义"。随着高等教育大众化趋势的加快，入学人数暴涨，政府经费投入不足，致使很多高校必须面对办学资金短缺的现实窘境。学生在拥挤的教室和图书馆学习，师生比快速下降，导致了人才培养质量严重下滑。在这样的背景下，很多高校无暇顾及，也无力顾及高校文化建设。同一时期，高校功利化行为加剧。办学规模、经费拨款、获奖荣誉等成为不少高校领导关注的焦点，而对办学质量的提升、办学特色的凝练等隐性方面精力投入明显不足；高校教师则把主要精力投入在发论文、报课题、评职称等和个人收入息息相关的方面；学生一入校便忙于考证、考研、考编，严重忽视对个人日后发展影响深远的人文素养、专业基础等方面。这种情况下，若是高校继续忽视高校文化建设，高校就不再称其为高校了，仅仅是培训机构而已。浮躁的社会风气已经吹进原本相对单纯的"象牙塔"内，纯学术性行为开始日益被功利主义所侵蚀。

中国大学校园文化属于"外生型"，易受外界环境影响。功利主义、弱肉强食的"竞争式教育取向"是一种"教育野蛮"的表征，是在愚昧地透支民族的未来。教育领域，尤其是高等教育领域是我们进行知识创新的重要基地，是培养人才的重要场所，关系到国家和民族的未来。踏实的学风和良好的高校文化是我们进行知识创新的重要保障。很多科研成果的取得，并不是一蹴而就、水到渠成式的，需要大量失败经验的总结，要在前人成果的基础上脚踏实地地苦干、实干才能出成果。从如今整个社会环境来看，社会文化、社区文化，形形色色，非常复杂。但就高校文化形态来看，它还是单一形态的，并没有出现所谓"多元化"的特点。在单一的、集权的高校教育背景下，高校文化形态其实仍然是单调的，以"考试成绩为中心"的单一文化形态。"成绩至上"的信念如挥之不去的梦魇，笼罩着中国高校的文化空域。当前，中国教育界"唯分数论"的状况已有一定程度的扭转，高考的改革、大学英语四六级考试的改革、高校招生校长推荐制的推行、博士生入学"申请—考核"制的实施都说明，中国教育界在努力探索一条适合中国国情的教育改革之路。这些方面虽然取得了一定成效，但是，离我们整个高校改革和我国社会主义合格接班人的培养目标之间尚存一定差距。

与此同时，浮华文化渐渐侵入到原本单纯的高校文化。高校建筑要么高大伟岸，要么平

淡如水，完全不能承载一所学校的办学历史、办学理念以及办学追求。高校建筑如同遍及中国的住宅小区，千篇一律，毫无特色，没有任何文化品位。好的教育环境是"学校文化精神的讲述者"，默默讲述着学校的历史和故事，不断传播着学校精神。然而，这些缺乏个性、千人一面的建筑物所承载的意义肤浅平淡，或只体现个别领导的意志，并不能与多数高校成员产生共鸣。许多活动或仪式也只不过是形式或走过场，与高校的办学追求毫无互动关系。诸如那些对大学生自身发展没有太多实际意义的所谓知识竞赛，肤浅的媒体节目，缺少底蕴、过于商业化的艺术展览等。这些浮躁的文化影响着我们的高校文化建设，不少高校也在不自觉地模仿、传播这样一种世俗文化，从而影响乃至矮化我们的教育目标，使得高校成员缺乏一个共同的、高尚的远景，使大学生丧失了高尚的人生追求。在这种情况下，高校根本没有共同的精神，缺乏"校魂"，缺乏推动高校发展的合力。这样的背景下，高校如何发展，成为摆在高等教育工作者面前亟待解决的现实问题。无论是学生还是老师，在这种功利至极的文化气候下，所有高等教育工作者都会感受到无形压力。因此，高校文化必须重建，教育变革才有可能实现。

三、共享的价值追求——理想的高校文化范式

良好的高校文化的显著特点是要有一种高尚的共同愿景。这个愿景的建立，首先要通过寻找高校的特色，构建高校成员共同的信仰来实现，而这种信仰和价值观要通过高校的历史、典礼甚至是传说、故事等来实现。其次，应该关注每一个个体生命的成长，让每一个体都能感受到尊重，感受到个人的尊严，体验到成长的快乐。关注每一个个体，关注他们个性化的需要，这应该成为高校最核心的价值取向。高校文化的重建，就是把这套信念系统渗透于高校实践的各个方面，重建高校文化的具体内涵，应该包括课程文化、教学文化、评价文化等多方面。诸如课程建设方面，过去的课程建设基本上等同于课程文本建设，简单地把教师作为课程的执行者。在良性的课程文化中，老师既是课程的执行者，更应是课程的研制者、开发者。与此同时，要把学生看作课堂资源的合作开发者、建构者，要尊重、认同、关爱每一位学生具体的课程需要，让每一个生命个体都得到充分自由的发展。在教学文化中，就是要将教学建立在培养学生创造性独立思考能力上，倾听学生的声音，与学生产生良性互动。这种教学方式就应该以学生的自主探究为主，强调学生个性特征，而不是以教师为中心。教学文化的重建不能仅仅停留在教学方式、方法层面，而是应该关注教学的信念和价值取向的转变。

一般而言，在课程实施当中存在三种不同的课程实施取向，这也意味着存在三种不同的教学层次或教学水平。忠实于教材，因循教材的教学是最低层次的教学；能够根据学生的需求，将现有资源、手段做出相应调整，以适应教学实践需要，是第二层次教学；最高层次的教学是创造性教学，把课堂变成真正意义上的"学堂"。启发式、创造式教学方法现在被我们广泛提倡。在实践中，我们发现这些方法对于培养大学生独立思考能力、发现力、逻辑思维能力确实具有明显的帮助。笔者曾经在两个平行班级分别采用两种不同教学方式进行对比实验，A班采用传统教学方法，B班采用启发式、讨论式教学方法，期末考试时，两个班级同时布

置了一样的论文作业。结果，采用启发式、讨论式教学法的 B 班学生的论文无论是在写作角度、文章结构还是在文章立意方面都明显好过另一班级。其中，以学生为中心，尊重学生创造力和思考力的教学法无疑起到了一定作用。师生是课程文化的共同缔造者。学生信念可以看作学生文化的核心内涵，它是影响学生学习投入的重要因素，也是学生文化的核心。需要重塑学生关于教学、关于学习的价值导向。

四、关爱每一个体——优秀高校文化的价值追求

高校文化重建的过程必然伴随着与以前已有的学校文化之间的冲突，甚至存在一系列激烈斗争。如果我们不去主动关注高校文化，反思高校文化，不去寻找高校文化之根，我们谈高校文化建设就可能只是一句空话。总体而言，我们要关注高校文化建设，就是要挖掘和理解学校的个性。而变革是为了个人更好地发展，为了教师和学生的个性化发展，学校需要关心每一位具体个体的积极生长。我们要创建符合每一位学生发展的共同体文化，让学生能体验到尊严，体验到自由，体验到关爱。我们要创造的是一种适合每一位具体个体发展的高校文化，而不是制造机械地适应当前现有文化的学生。学校是以教育为目的，长期地开展有计划培育人的活动组织体。学校一词本来为闲暇、休息之意。学校的这一本源意义揭示出学校在历史上的真正含义，即不需要参加劳动生产的特权贵族阶级才具有的权利。自奴隶社会开始，一些贵族等上层社会人士会聚集起来讨论学术问题。人类社会的进步促使了作为人类文化成果集散地的学校的诞生。"学校，一个独立和精心策划过的，以思想和言论的准确性为己任的世界，充满着智慧的光芒。"这是德国教育家勒德尔对学校的美好描述。现代意义上的学校出现后，世界传统教育格局便被打破，学校教育从少数人才享有的权利逐步向大众普及，学校教育对人类文明发展的推动作用日益凸显。

高校素质教育的首要任务就是对学生人文精神的培育。在学生人文精神的培养中，最重要的原则便是坚持以人为本的教育理念。高校以人为本，主要是指以教师和学生为本。高校以学生为本，就是说高校要尊重学生，重视学生的主体地位，一切从学生自身的发展需要出发，一切为了学生的发展，使大学生成为全面发展的人，具有核心竞争力的人。高校以教师为本，就是说高校要尊重教师，重视教师在学校发展中的重要作用。学校发展依靠教师，学校发展成果由教师共享，促进教师与学校的共同可持续发展。树立以人为本的高校文化理念，就是要求高校管理树立"管理就是服务"的观念，在管理的过程中要尊重教师和学生，在事关他们的利益，使教师和学生积极主动地参与到学校的管理中，充分发挥高校教师和学生的主体作用，使他们意识到自己的价值。高校文化不仅是一种存在，更是一种信仰。信仰的本质是一种生命信念。20 世纪末以来出现了以"崇尚物质，轻视人文"为主要内涵的全球性文化生态危机，并导致了高等教育和高校价值危机，当代文化哲学的一个重要特点便是突出人在社会中的主体地位，并从人的生命意义和价值高度界定文化，从而把握文化的真谛。

五、优秀校长的角色定位——文化领导者与塑造者

校长是行政领导者，更应该是高校文化的领导者。大学的校园文化建设，在很大成分上体现着大学领导对大学精神的理解，校长可以而且应该成为学校的精神领袖。人格魅力实际上是一种文化魅力，文化魅力表现为具有感动人心的精神追求。清华大学老校长梅贻琦有名言："所谓大学者，非谓有大楼之谓也，有大师之谓也。"优秀校长作为大师中的大师，更是一所优秀大学的精神之所在，创新之灵魂。成功大学的校史上，一定会有一位优秀大学校长的一席之地。中国教育史上涌现了陶行知、蔡元培、梅贻琦、吴玉章、竺可桢等一批星光灿烂的优秀校长的名字，有力推动了近现代以来中国高等教育事业的发展。校长身上有着感人的故事，有着合理的价值取向，有着凝聚学校成员的核心理念。这种吸引全体成员为之奋斗的"领导力"就是"文化力"。校长要成为"文化领袖"，而不是紧紧抓住行政权力不放。文化领导应该具有人格魅力，要懂得课程与教学，要成为学校专业活动的领导，而不是只知道协调各种关系的"外交家"。要成为表达学校文化精神的诗人，能够用诗性化的语言表达学校精神，用精神引导学校发展方向。因此，校长要塑造学校的文化精神，就要多聆听广大师生员工内心的声音，并引领他们的追求。这就对校长的综合素养提出了更高的要求，要兼具领导的胸怀、诗人的气质以及强烈的人格魅力。

在学校文化建设中，校长应特别注意专业自主文化创建的问题。所谓专业自主，就是不以行政命令控制教师的专业自由，干涉教师的专业自主，从而有形无形地压制教师的声音，抹杀教师的个性，而是要提供一个让所有教师都能得到发展的专业平台，即"教师专业发展文化"。实践证明，教学名师的产生，不能仅仅依靠行政资源的堆积，必须为他们提供专业自主的空间。不能用凡俗的眼光去约束，用制度化的教条去要求，而是要保护教师个性化的成长与发展。一个有个性的老师，不能容忍没有个性的课程与教学，不能容忍没有个性的教材。有个性的课程与教学中渗透着教师个人的精神，表达着教师的价值追求，能够具有感召学生、促进学生发展的"力量"。有效的教学一定是有"精神力量"的教学。为此，教师需要有独立的人格，有专业性眼光，需要形成个性化的"课程色彩"。他们不能只是去挖掘教材本身的内容，而更应该建构属于他们自己的课程。更为重要的是，他们需要超越常规制度的束缚，需要时间和空间，需要更多的经历去做有利于学生个性化发展的事情。这就需要调试现有管理制度，特别是要减少常规的、琐碎的非专业性的制度对高校教师的干扰，需要为教师的专业发展让路。西方发达国家在高等教育领域领先全球，一个重要原因在于其课程与教学管理把两个看似矛盾的东西有机统一起来了，建立了一种新的课程与教学管理文化。校长和教师有极大的专业自主权，学生有充分自由。变革的实施需要管理"变脸"，而文化领导在某种程度上决定着教育变革的成败。在教育体制和教育方针确定以后，一所高校校长的精神文化气质便成为一所高校文化建设的决定因素。

第六节　高校文化建设视域下大学生核心价值观

不同观念要素构成大学生的价值观，对最高价值的基本原则和看法是其深层次结构，是价值观的内核或者叫作核心价值观。此价值观能够调节和影响其他价值观，可以决定其他价值观的性质及方向。因此，培育大学生核心价值观是循序渐进、潜移默化的，需要多渠道、多资源、多主体的共同努力。高等院校的文化建设是每位大学生参与的有效方式和重要渠道，对于培育他们的核心价值观具有无法替代的意义和作用。

一、大学生建立核心价值观的必要性与重要性

（一）大学生培育核心价值观是其自由、全面发展的要求

大学生是国家未来的建设者和社会主义接班人，他们的全面发展既包括专业技术、理论功底、创新精神，也包括正确的价值观、人生观。核心价值观是我党提出的体现科学内涵的价值观，是价值体系中最核心、最凝练的部分，也是大学生树立核心价值观的重要内容。国家制定的核心价值观对于促进社会健康、稳定发展具有导向作用，是凝聚社会的重要力量。因此，在培育大学生价值观时必须以核心价值观为基础和导向，核心价值观也对学生形成健康的人格具有重要影响。

（二）大学生培育核心价值观是完成"中国梦"的要求

核心价值观是人们实现理想、辨别是非的导向，也能够支配和引导人们的思想态度及行为方式。大学生培育和提升核心价值观为实现民族复兴提供文化支持与精神凝聚力。现阶段，我国正处于改革转型期，国外文化会不断渗透到我国文化中。文化是提升竞争力的法宝，是促进民族团结和国家进步的原动力，而文化建设是实现"中国梦"的重要条件。大学生培育核心价值观就是借助价值观让不同的思想得到统一和规范，进而帮助学生认识传统观念和外来文化，为实现中国梦提供必然的文化支持和精神力量。

二、大学生建立核心价值观以高校文化作为载体和精神基础

（一）大学生培育核心价值观以高校文化为基础

高校文化建设的主要内容是精神文化建设，表现出高校文化在实际运行和发展中建立起的以观念体系、价值目标、信念和理想为特征的文化环境和精神氛围，为大学生培育核心价值观打下坚实的基础。首先，校园文化可以体现在学生价值观中，以建设环境、规范制度等形态体现出来。高校文化建设需要独特的外在形式，让抽象的精神与思想能够变成让人们能够感知到的文化，大学生长期建立起的核心价值观就是高校文化的外在形式。其次，高校文化是以学生意识为前提而建立起的坚定信念和稳定心理结构，指导和约束大学生的行为规范、

思想素质和价值取向，对他们的行为选择和价值判断具有明显影响。以高校文化为前提和基础，对建立和培育学生正确的核心价值观有重大的意义。

（二）大学生培育核心价值观以高校文化为载体

价值并非抽象、独立的精神，是以文化来承载的理念，不同的文化以不同价值观为载体。大学生价值观生存与发展要借助文化载体。首先，高校文化是大学精神财富、环境与制度的总称，包括价值观、人生观、世界观等意识形态，属于高校文化的核心与实质。高校文化特殊的传播方式和作用特点，对学生建立核心价值观有重要影响。其次，高校文化独特的性质彰显出核心价值观的内涵。大学生培育核心价值观的主要目标是引导学生夯实马克思主义信仰，在工作、生活和学习中运用其方法论和世界观提高认识问题并妥善的解决问题的能力。通过高校文化来开展马克思主义教育是推动高校文化建设的关键性内容。

三、以高校文化建设为引领，逐步培育大学生的核心价值观

（一）以核心教育为主要内容，保障核心价值观的方向及性质

社会主义以科学文化的内涵为基础，建立起核心价值体系，彰显出社会文化的本质与重要内容，高校文化是构成社会文化的重要环节。所以，高校在进行文化建设时，要注意把握方向和主旋律，让其成为全体教师、学生锐意进取、团结向上的感情与精神纽带。要将核心价值体系作为构建高校文化的重点与灵魂，汇聚可以建设与发展高校的重视力量；要以核心价值观为准绳来处理和解答多样文化与核心文化的关系，进而将建设校园文化过程中的多样性和主体性紧密地联系在一起。帮助学生建立起正确的价值观、人生观和世界观的同时，也影响他们的行为规范和价值取向。

（二）高校要统筹资源、健全制度、丰富实践，建立起培育核心价值观的平台

第一，要全面体现出实践活动在培育大学生核心价值观中的作用。首先，通过社团开展形式多样的主题活动。高校社团成员大部分是学生群体中综合素质好、积极性高的人员，他们既能有效的理解、掌握先进文化的精髓，也能成为推动先进文化发展的践行者与组织者。借助高校社团此特点和影响力，影响与掌握学生的心理及思想活动，组织起具有针对性的教育活动，带领大学生进行社会实践活动。只有身处社会，才能杜绝被社会表象迷惑，纠正认识事物本质而出现的价值观的偏差。

第二，逐步健全大学文化建设的相关制度规范，对培育大学生核心价值观提供必要的保障。规范与制度是顺利开展教育的保障，要保持与落实核心价值观教育，就要求高校站在文化建设的层面上制定出与核心价值观教育有直接关系的制定及行为规范。如服务管理、教育教学、校园管理、科研管理等制度，为培育学生核心价值观而营造出优秀的学风、校风和党风，让学生在温馨、和谐、理性的环境中，获得高尚的品质和优秀的人格。

（三）立足科学理念，重视人文关怀，建立培育大学生核心价值观的融洽氛围

高校开展文化建设要"以学生为本"作教育理念。确立学生的核心与主体地位，充分激发学生开展校园文化建设的积极性和创造性。首先要建立起育德、育人的思想理念，将育人作为教育的重点，将德育作为政治思想教育的基础，重视增强学生的思想道德品质和综合素质，将学生教育成为合格的社会主义践行者与建设者。大学生既是校园文化的建设主体，也是核心价值观教育的主体及对象。重视人文关怀，达到服务育人的目标，就是最大限度尊重学生的主观能动性，为培养创造性、个性化、综合素质高的人才提供精神资源与文化环境；重视人文关怀，要正确认识学生身心发展和教育规律，帮助他们认识到自身的社会责任，建立起正确的价值观、人生观和世界观。

培育大学生核心价值观是现阶段高校政治思想工作的重要内容。正确认识核心价值观，提升教育的内涵；要科学理解核心价值观，认清思想教育的方向与形势。大学生只有培育核心价值观，才能更好地认识到自己的使命与责任，这既是建设现代化提出的要求，是培养综合性人才的必然要件，也是大学生全面发展、健康成长的正当诉求。高校校园文化是培育和提升学生核心价值观的重视途径和方式，只有全面体现校园文化建设的优势，才能促进学生核心价值观的增强与完善。

第七节　马克思主义文化观视域下高校文化建设

在当下我国的政治、经济、文化体制不断发展并完善的今天，作为我国指导思想之一的"马克思主义"自然而然也要随着时代的发展、我国国情的变化，进一步并完善着。马克思主义文化观是我们认识和把握文化现象及其发展规律的思想指南和根本方法。在我国所有的高校中，《马克思主义基本原理概论》都是作为一门必修课，以培养和检验大学生对马克思主义基本概念和基本原理的掌握及运用能力为目的，而设置的一门思想政治理论课，让大学生树立正确的人生价值观，深刻认识社会发展规律，加深对中国化的马克思主义理论成果和我党在社会主义初级阶段的基本路线、基本纲领、根本任务的理解。由此可见，马克思主义文化观对于高校文化的建设具有重要意义。

马克思主义是我国社会主义初级阶段的指导思想之一，曾经在中国民族最危难的时候，带领中华民族走出困境，走向光明。中国共产党 80 年的奋斗历史证明，马克思主义中国化是马克思主义在中国扎根的必由之路，是科学社会主义在中国蓬勃发展的必备条件。马克思主义文化观是马克思主义关于文化的理解，用在我国就要与我国独特的文化理念相结合。在社会主义文化不断完善的今天，作为科学的理论指导，它以一种更严谨、合理的姿态展现在我们面前，加强文化建设，马克思主义文化观当然是要作为主导地位的。高校是培养未来的国家栋梁、社会人才的重要基地，但在这一切未来的美好的事件之前，我们要解决它在当前我

国的文化领域中面临的诸多问题，如何在马克思主义文化观视域下，建设高校文化？笔者查阅大量资料，就此问题展开深入分析，并提出了解决方案。

一、当代马克思主义文化观的发展历程

马克思主义文化观的内涵。辩证唯物主义和历史唯物主义是马克思和恩格斯用以分析社会和历史现象的思想方法和理论工具。马克思主义文化理论就建立在其基础之上，并由此呈现出鲜明的特点，从而与历史上出现的其他文化理论区别开来。马克思主义倡导的文化是"以人为本"的文化，人化的自然是马克思主义对文化的本质定义。"以人为本"的文化，即人民的思想的进化，行为的进化，对革命的认识的进化。可以说，马克思主义文化的内涵，是一种和谐的状态，包括生活状态、思想状态、认知状态。归根结底，马克思主义文化观是一种主观上定义为正确的意识形态。

马克思主义文化观的中国化。随着马克思主义进入我国，成为我国社会主义事业发展的指导思想，在一定程度上，马克思主义文化观将会是我国未来文化的发展趋势。它是对现有文化的阐释，对当下时代的解读，对未来文化发展的预测，事实证明，它是正确的。我们原有的文化种类繁多、形态丰富，而马克思主义的文化观是对现有的多种文化状态的一种融合。简明的说，马克思主义文化观认为，文化是有各自的特色的，但在某种条件下，是可以有机地融合的。这个条件，可能是时代的发展，国家社会进步的产物；也可能是人民物质生活进步的代价；抑或是文化自身进步中的需求。总之，在当下的中国，在纷繁的文化中，我们需要一个合适的"点"，来达到和谐中的统一，以求进步发展，这个"点"，就是马克思主义文化观。

二、我国的高校文化建设

高校文化的构成。高校文化，说简单点，即"大学文化"。我们讲的一座大学是否有其自己的文化，要看很多方面。纵观中国众多的大学，文化大致分为：物质文化，精神文化，制度文化。物质文化，即大学中的衣食住行，当然，这个文化很大程度上取决于学校自身的定位。就以食为例，是由学校所在的地理位置决定的，虽说是学校的物质文化，但其实折射出来的是当地的物质文化。精神文化，最简洁的说明就是一个大学的校训，以我国最高等的学府为例，北京大学的校训是"爱国 进步 民主 科学"；清华大学的校训为"自强不息、厚德载物"。虽说只有简单的几个字，但其在深层次反映出来的是一所大学的历史厚重感，有很大一部分文化的进步在里面。制度文化，是取决于不同学校产生的不同的制度，究其本质，这里既有学校现已取得成绩，还有学校未来发展的大致方向。

高校文化建设的内容。高校文化的建设有很多，涵盖了高校中的一切，大致分为以下几点：

（1）校园精神建设。校园精神是一个校园里的所有师生，在工作、学习、生活中的作风的直接反映，是一个学校文化底蕴中的精髓所在。创建良好的校园精神，对于学校优良学风的建设、学生的健康发展有基础的作用。

（2）创建和谐的教育体系。我国的科技发展迅速，信息时代日新月异，这就要求我国的高校不能局限于课本的知识，而是要紧跟时代的脚步，为社会培养实用型、复合型人才。这就需要一个和谐的教育体系。

（3）培养健全的人格。梁启超《少年中国说》有云：少年智，则国智，少年富，则国富，少年强，则国强。可见青少年的发展，代表了我国未来的发展，故而青少年的培养，是教育里的重中之重，而在这里，最关键的就是培养健全的人格，只有人格的健全，心智、能力、见识才会随之增长。

高校文化建设的意义。大学是一个人形成正确价值观、培养为人处世能力最关键的时候，同时也是新时期做好高校思想政治建设工作的最好时机。在大学期间，搞好文化建设，会提高学生的身心素质、上进心、执行力、竞争意识等等。为保证大学培养的人才在未来造福于社会，文化建设就显得尤为重要。

三、马克思主义文化观对高校文化建设的影响

马克思主义文化观是统领。上文已经提到，马克思文化观是我国现有文化的统领，是对我国现有文化的概括，同时，也是所有文化协调发展的纽带。同样，在高校文化发展中，马克思主义文化观也必将扮演着一个"协调者"的角色，高校文化要想合理发展，势必也将遵循我国主流文化发展趋势的开发方向，即在马克思文化观统领下的特色高校文化。

马克思主义文化观对高校文化建设的影响。马克思主义是我国社会主义初级阶段的指导思想。在当前迎合全国文化建设的普遍状况下，我国的各大高校也应当以社会主义的初级建设为己任，以各自的特色为主体，争取"求同存异"，在各自的地域里争相绽放出自己的光彩！

本文结合笔者查阅多方资料，就马克思主义文化观对高校文化建设的影响展开了探讨，具体的分析了当前我国高校文化建设的状况及主要存在的问题，就如何构建新时期高校校园文化、营造和谐校园文化氛围提出了一些建议，然而由于个人所学知识以及阅历的局限性，并未能够做到面面俱到，希望能够凭借本文引起广大学者的关注，加以指正。

第八节　文化塑校，以文化人：地方本科高校文化建设

地方本科高校的文化建设从目标而言就是"文化塑校"，就是要以校园特色文化塑造学校的品牌形象，全面提升办学层次。地方本科高校文化建设的核心是"以文化人"，就是要以优秀的校园文化潜移默化地影响人的思想意识与言行举止，从而实现"以德育人、以文化人"的大学功能。按照"文化塑校"的战略，凝练大学的育人文化，实现校园文化的"以文化人"功能，需要传承校史的根的文化、弘扬校训的励志文化、彰显校友的创业文化和优化校园的环境文化。

大学生活是现代人成长历程中最重要的阶段，是个体的知识积累、能力培养、价值观确立的关键时期，因此大学文化对于大学生价值观念、道德情操、思想内涵和行为模式的形成与发展具有重要的影响。校园文化建设是学校综合办学水平的重要体现，也是学校个性魅力与办学特色的体现。文化塑校和以文化人，是学校培养适应时代要求的高素质人才的内在需要。

一、文化塑校：地方本科高校文化建设的目标

"文化塑校"是基于特定的办学理念或者教育信仰的办学模式创新以及大学形象塑造。从学生的发展角度而言，"文化塑校"的实质是按照高雅文化的要求来塑造大学品格，培育青年学生的思想品德，营造现代公民的精神家园。从这个意义上而言，地方本科高校的文化建设就是要"文化塑校"，以校园特色文化塑造学校的品牌形象。要理解"文化塑校"首先要理解什么是大学文化与大学教育，在此基础上才能探讨文化塑校的路径。

何谓大学文化？"文化"是人类社会生活中的一个重要论题，在不同历史背景和学术渊源中具有不同的意蕴。地球上出现了生命是一个创造性的奇迹，不懈的追求使人类早已越过了蛮荒和愚昧，经过了开化、进化、教化、文化漫漫历程，如今向着高度文明智慧的无限美好的历史境界进发。文化是一个民族最深层次的精神积淀和价值体系，具有直指心灵、凝聚人心的力量。习总书记提出道路自信、理论自信、制度自信之后，又高瞻远瞩地提出文化自信，他指出，中华优秀传统文化是深厚的文化软实力，文化是更基础、更广泛、更深厚的自信，代表着中华民族独特的精神标识。党的十九大报告指出，经过长期努力，中国特色的社会主义进入新时代，这是我国发展新的历史定位，要培育和践行社会主义核心价值观。从这个意义上说，文化也是共同境界的价值取向。大学有大学文化，大学文化的核心是校园的主流价值观。在新的形势下，校园的主流价值观既要体现社会主义核心价值观，还要能彰显出学校自身的文化特色。例如，盐城工学院校园的主流价值观是"崇尚科学，勇于创新，敢于担当，追求卓越"。"崇尚科学"就是崇尚科学的精神、科学的规律、科学的价值；"勇于创新"就是继承前人，又不因循守旧，要有敢为人先的锐气，逢山开路的意志和探索进取的态度；"敢于担当"就是承担并负起责任，全力履行自己的义务；"追求卓越"就是从平凡到优秀，由优秀到卓越的奋斗过程。讲到校园的主流价值观，必然要联系到高校基本功能之一的文化传承，教育是承载这一基本功能的主渠道。

何谓大学教育？"教育"这一看似常识的概念在其界定上却存在诸多分歧。"教育"其实就是施教者对受教者的思想和行为进行规划、引导、激励和规范的过程，具体到大学而言，就是"教书育人"。德国哲学家雅斯贝尔斯说过，教育是一棵树摇动另一棵树，一片云推动另一片云，一个灵魂唤醒另一个灵魂。我国教育家陶行知先生说过，凡是缺乏爱的地方就没有教育。耶鲁大学的校长理查德说过，教育的本质是尊重和爱心。有首歌《长大后我就成了你》回答了一位普通教师心中的教育是什么：写下的是真理，擦掉的是功名；放飞的是希望，守巢的是自己。教育是一个培育种子的过程，人们常说教师是园丁，那么校园就是一个培育种子的地方。

首先，教育是一个复杂的过程。人的一生成长过程需要培养，而教育是主要的手段和方法。从纵向看，最初的教育是向善去恶，成为一个好人；基本的教育是自食其力，成为一个有用的人；较高级的教育是有所作为，成为一个有为的人；高等教育是创新创造，成为一个对人类有所贡献的人。从横向看，教育关系到家庭、学校、政府、社会的方方面面，构成了庞大的体系。

由此可见，每个阶段的教育都有主客观、内外因多种因素的综合作用，使教育自身形成了一个复杂的系统工程。

其次，教育是一个互动的过程。教学相长是一个动之以情、晓之以理、循序渐进、不断启发领悟的过程。哲学上讲内因是变化的根据，外因是变化的条件，外因通过内因而起作用，从这点上说，教书育人是比课堂教学"有问有答"要求更高的互动过程。

最后，教育是一个知行结合的过程。这一点对地方本科高校更是如此。教师教书育人，教授训练技能，要求学以致用，知行统一。地方本科高校大多属应用型本科高校，其人才培养模式与高职院校不同，与研究型大学也存在差别，"教学内容优化、学术性与职业性结合、知行结合、专业与素质结合"是地方本科高校人才培养模式的特点。

"文化塑校"怎样实现？大学校园文化是大学特有的价值观念，它决定了学校中的学生以及教职员工对于教育的看法、学校的理解和教育的价值追求，"文化塑校"是运用价值观念塑造具有个性的学校文化品牌的过程，也是全面提升办学层次的过程。按照校园主流价值观和教育的基本规律，地方本科高校着重在三个层面来推进"文化塑校"战略。

一是学院的办学文化。面对高等教育国际化、普及化、市场化、职业化的趋势，二级学院作为学校具体的办学单位，要努力形成"一院一特色"。以盐城工学院为例，土木工程学院提出的"行业认证的专业群，厚德重行的土建人"的办学文化；纺织服装学院提出的"用通识教育培养有专业的通才"的办学文化，等等，都属于学院特色文化。

二是教师的从教文化。每一位教师要立足本职，用教育的力量挖掘每一名学子蕴含的伟大潜能，坚持做到："三爱"(爱校如家、爱岗敬业、爱生如子)和"三结合"(教书与育人结合、教书与科研结合、教书与修身结合)。

三是学生的成才文化。例如，盐城工学院提出了建设高水平、特色鲜明的应用型大学，具体到培养学生成人成才方面："高水平"就是给学生"一个梦"，志存高远，胸怀天下；"特色鲜明"就是给学生"一把伞"，学生所学的本专业是伞柄，伞罩是以360度圆心角四等分，大一有正确的目标，大二有感恩的情怀，大三有种子的本领(适应环境，顽强生长，充满希望)，大四有创业的素质；"应用型"就是给学生"一条路"，即就业—择业—创业。

二、以文化人：地方本科高校文化建设的核心

地方本科高校文化建设从"文化塑校"角度而言，就是打造学校文化品牌，提升学校办学层次，但是从校园文化建设的根本目的来看，"文化塑校"最终是促进人的全面发展，用校园文化来教育人、感染人和熏陶人，以提升教师与学生的思想觉悟、道德修养和精神境界。《周易》中的一句话："观乎天文，以察时变；观乎人文，以化成天下"，文化的发展在于以文化人、以文育人，文化具有很强的教育人、引领人、启发人、塑造人的功能。因此，地方本科高校文化建设的核心是"以文化人"，以优秀的校园文化潜移默化地影响人的思想意识与言行举止，从而实现"以德育人、以文化人"的大学功能。

党的十八大报告强调，要发挥文化引领风尚、教育人民、服务社会、推动发展的作用。

高校的根本任务是培养人才，按照"文化塑校"的战略进一步凝练大学的育人文化就显得尤为必要。以盐城工学院为例，具体从以下四个方面来探讨：

传承校史的根的文化。盐城工学院始建于 20 世纪 50 年代，她植根于新四军重建军部的盐阜大地，根的文化就是传承和发扬铁军精神，艰苦创业，勤俭办学。回顾历史，可以说老一代"盐工人"从无到有；70 年代的"盐工人"从小到大；90 年代的"盐工人"从专升本，当代的"盐工人""从大到强"，根的文化贯穿了盐工的发展史，铸就了盐工的校魂，让每一位盐工学子都打上根的烙印。当学校六十周年华诞的时候，追溯历史，继承传统，弘扬根的文化，就是要激励后人，薪火相传，在新的征途上更加意气风发，团结一致奔向美好的明天。

弘扬校训的励志文化。校训，作为一个标尺，激励和劝勉在校的教师和学子们，即使是离开学校多年的人也会将校训时刻铭记在心。"笃学格致、厚德重行"是盐城工学院的校训；弘扬新四军"铁军精神"是盐城工学院的办学特色。两者存在内在的融通关系：笃学——是磨炼"铁的意志"的内在需要，是彰显"铁军精神"的切入点；格致——是秉承"铁的作风"的创新探索，是彰显"铁军精神"的出发点；厚德——是坚定"铁的信念"的必然选择，是彰显"铁军精神"的支撑点；重行——是严守"铁的纪律"的客观要求，是彰显"铁军精神"的落脚点。

彰显校友的创业文化。高校作为教书育人、培养创新创业人才的地方，要在不断的实践中逐步形成具有一定特色的大学生创业文化。盐城工学院培养了 7 万多名毕业生，走向祖国大江南北的各行各业，艰苦创业，建功立业，为母校赢得荣誉，将"铁军精神"在实现"中国梦"的实践中传承创新，形成了盐工校友的创业文化。学校开展大学生创新创业教育不是要让每一位学生都去创办公司，而是要以创业的精神引领就业，用创业的心态积极就业，用创业的行动促进就业，用创业的成果服务就业，大学生创业成功就能为国分忧，为民解难，为己立业。盐工创业文化是：一种"蚂蚁上树"的精神引领；两首歌（创业歌、团队之歌）的激励；三创（创造能力、创新精神、创业素质）素质的养成；四成（成人、成才、成业、成功）目标的追求。

优化校园的环境文化。校园环境文化通常是指为了完成教书育人需要而营造的一种良好的校园物质环境文化。大学的校园环境是承载大学精神、展现其美好意境的载体，通过欣赏高品位的环境文化，从而使学生得以解读校园环境中蕴含的精神，陶冶自己的情操，加深对生命的感悟，传递校园文化的精神韵律。盐城工学院注重优化校园的环境文化，在设计规划上，体现"用教育的智慧规划，用园丁的情怀建设"的建筑理念，在具体实施过程按照"四角优先，土地平衡，全面覆盖，绿色校园"的要求，一区一景精心打造。

大学是创造知识、传承知识的场所。文化不仅是大学组织构成及其活动的要素，大学文化不仅具有一般意义上文化的特征，同时还具有大学本身所特有的印记，它不仅影响着"大学办学治校育人过程中的价值选择、思维模式、制度安排、行为建构、活动方式以及环境营造"，同时也是大学及其成员存在和生活的方式。盐城工学院经过 60 年的风雨历程，打造了盐工初创时的铁军精神、复校时的老区精神、升本时的创业精神、迎评时的进取精神、申硕时的拼搏精神，这是盐城工学院的文化瑰宝，也是新时代的盐工人"文化塑校、以文化人"的基石。

第四章 中国传统文化在高校文化建设中的传承研究

第一节 高校传统文化的传承现状及对策研究

一、传统文化及其教育价值解读

（一）传统文化的内涵解读

对于中国传统文化事实上很难下一个精确的定义，多数对于中国传统文化的理解都是以一种描述性的方式来进行陈述，如：中国传统文化在整体上是指中华民族在生息繁衍中所形成积累起来流传下来的至今仍在影响当代文化及整个社会的相对稳定的共同精神、心理状态、思维方式、价值取向、行为规范、风尚习俗等的总称。有学者将中华优秀传统文化核心理念归纳为以下 12 个方面：天人和谐、道法自然、以民为本、忧患意识、自强不息、厚德载物、诚实守信、仁者爱人、尊师重道、和而不同、日新月异、天下大同。也有研究者从个体与社会等层面将优秀传统文化的内涵概括为"团结统一、爱好和平、勤劳勇敢、自强不息的民族精神"和"天人合一、惠鲜鳏寡、仁者爱人、互助相扶的价值实践"。

事实上，对于中国传统文化，不同的研究者从不同的侧面进行分析与解读，在这些解读中我们可以发现有较为统一的观念。从时间范畴上说，多数人认为传统文化是一种古典文化体系，从时间上界定为清晚期之前；从性质上说，传统文化以中华民族为创造主体，是根植于本民族土壤中的具有稳定性价值承载，体现出鲜明的民族特征；从具体内容上说，是以儒家思想为核心，融合了道家、法家、墨家等思想以及佛教文化；从外在表现上说，包括了体现政治伦理的价值观念，以建筑、艺术为载体的物质形态以及反映民俗、风尚的动态体现。

（二）传统文化的教育价值分析

从以上传统文化的理念来看，不论对于社会发展还是个体的社会化过程，传统文化都有其不可忽视的教育价值。

文化的核心是价值观，传统文化体现的是中华民族几千年来所坚守的价值观念与道德规范，并且势必还会将这种具有规训与引导意义的价值体系延续下去。近些年来，国家非常重视传统文化的传承问题，在《中国教育改革和发展纲要》（1993 年）中就指出"要重视对学生进行中国优秀文化传统教育"。2001 年《国务院关于基础教育改革与发展的决定》中再次强调教育内容要"继承和发扬中华民族的优秀传统"，使学生具有"人文素养"并"养成健康的审美情趣"。在党的十七大报告中明确指出"中华文化是中华民族生生不息、团结奋进的不竭动力。"党的十八大更是把传统文化上升到体系的高度，强调"建设优秀传统文化传承体系，弘扬中华优秀传统文化"。2014年3月，教育部印发了《完善中华优秀传统文化教育指导纲要》，指出："加强中华优秀传统文化教育，对于引导青少年学生更加全面准确地认识中华民族的历史传统、文化积淀、基本国情，认清中国特色社会主义的历史必然性，坚定走中国特色社会主义道路、实现中华民族伟大复兴中国梦的理想信念，具有重大而深远的历史意义。"因而，必须强化传统文化在学校中的传承与传播，真正通过推进中华优秀传统文化的教育，发挥优秀传统文化在引领风尚、教育师生中的重要作用。

二、传统文化在高校中的传承现状

（一）对于当前高校传统文化传承的调查

1. 调查的研究预设

理论上来说，传统文化对于学生的个体社会化具有重要的意义，而在高等教育中传统文化的传承也应当是一项重要的任务，那么这一重要性如何有效地转化为现实性，其中有两个方面至关重要：一是学生的认同程度，这将会直接影响到学生对于传统文化的内化与否，从而影响传统文化传承的信度问题；二是传统文化传承的路径与方式，这会影响到传统文化传承的效度问题。我们围绕这两个方面自制了调查问卷，从学生的态度情感、接受传统文化影响的方式与效果等方面来收集信息，以做出客观的分析与判断。

2. 调查对象的选择

由于师范院校培养对象与培养目标的特殊要求，关注传统文化在师范院校的传承情况更具有其特定的研究价值，因而本次调查选取安徽某师范院校的学生为主要调查对象，同时选取了少量其他综合类院校的学生，共发放问卷450份，回收有效问卷426份，有效回收率94.7%。

（二）高校中传统文化的传承现状

对于传统文化价值引领作用较为认可。在调查中就传统文化与社会主义核心价值体系的关系，四分之三以上的学生认为二者是一脉相承、有内在关联。同时，对于传统文化在社会生活中的意义，22.7%的人选择了对于个人修养的意义，是所有选项中选择人数最多的。再从对于传统节日的认识来看，75.8%的学生认为将传统节日定为法定节日对于思想价值观有着重要的意义，相反仅有6.6%的学生持反对意见。由此说明对于传统文化的价值引领作用大学生在认识上还是给予了肯定。

文化传承的一个重要前提就是主体的文化认同，即从思想上充分认识到传统文化的价值与意义。从调查的结果可以看出，当前高校中在传统文化传承方面无论是学校还是学生首先存在着在思想上重视不够的问题。从学校方面看，缺少对于传统文化传承的总体规划，诸如课程的开设、内容的选择、活动的开展等。从学生方面来看，表现在没有积极主动地去拓展获取传统文化信息的渠道，满足于被动、消极而零散的获取有限的传统文化内容，并且对于所获得的有限内容知其然而不知其所以然。

从调查结果的统计情况来看，学生总体上对于传统文化的了解并不理想，有三分之一以上的学生表示不了解或是仅仅粗略听说，表示非常了解的只有5.4%。这说明在高校中的传统文化传承并没有达到理想中的效果。

从不同学生的认识差异情况来看，学校的传统文化影响作用并不明显。从性别对比看，在调查中男生表示对于传统文化有一定程度了解的人数占到其总数的58%，而女生的这一比例只有33%。从专业对比来看，文史类的学生对于传统文化有一定程度了解的占55%，而理工类这一比例只占37%。

从途径上看，传统文化缺乏有效的传承方式。从学生所获得的传统文化影响途径来看，主要来自其自身的生活经历。如对于仁、义、孝、忠等传统美德的认识与情感，44%的学生表示是自小耳濡目染形成的，另有45.9%的学生表示是在课外书中了解的。在问及学生"主要通过怎样的媒介接触到传统文化"时，有22.9%的学生回答是电视，有20.4%的学生回答是互联网，只有约18%的学生是通过书籍接收到传统文化。而对于从学校教育中所获得的传统文化影响，64.1%的学生表示很少。

学校对于传统文化传承没有有效的途径。从较为正式的课程角度来看，在统计中有51.4%的学生表示在大学没有开设过与传统文化有关的课程。从学校的组织与活动开展情况来看，仅有9.6%的学生认为自己的学校有关于中国传统文化方面的社团组织，相反一半以上的学生明确表示所在学校没有类似组织。从相关活动的开展与参与情况来看，仅15%的学生表示参与过与传统文化有关的活动，有近三分之一的学生表示自己甚至从来没听说过有这样的活动。

三、促进传统文化在高校中有效传承的思考

在观念层面对于传统文化要能够积极认同。当前大学生对于传统文化在社会意义方面总体上持肯定的态度。54.5%以上的被调查对象认为传统文化对于当今社会发展有很大的促进作用，32.4%学生认为传统文化对于社会发展有一定的积极意义，只有10%左右的学生不认可传统文化对于当今社会发展的积极意义。另外，有66%的学生认为当前传统文化正在发挥着作用，其中19.2%的学生认为当前传统文化的力量很强大。而在对传统文化的后继发展的认识上，有83.3%的人认为大学期间要加强传统文化的学习，仅有2.8%的人认为没有必要。从弘扬传统文化层面，大部分学生认为传统文化有继续发展的必要。

从当前学界的研究来看，诸多研究者指出传统文化的传承首先要解决的就是认识问题，这种认识首先是准确的定位，正确认识到传统文化的价值所在；其次是科学的评价，包括评价传统文化内容自身的现实意义以及传统文化传承的现实状况。研究者较为多数的评价意见指出当前的传统文化正在日益"式微"；批判地继承，这也是在践行教育的创造与更新文化的功能。

具体来说，从学校方面必须充分意识到传统文化传承对于人才培养及培育过程的重要意义，在目标预设时将传统文化提升到与学校正式课程内容同等重要的地位，将传统文化与各学科内容之间有机整合。

在行为层面以多元、立体的方式践行传统文化。从调查中所发现的问题来看，学生对于传统文化的了解更多的是一种自我的方式，不自觉的、被动接受，缺乏有效的传统文化传承形式与载体，因而，在促进高校传统文化传承中具体的行为举措就显得尤为重要。在这一方面，有研究者从文化生态学的视角提出创造让人感受"天人合一"的学校自然环境、加强伦理规范的社会舆论环境建设以及提升学校文化的价值引导力等途径以实现学校的文化传承。在此我们将传统文化的践行从内容和途径两个方面相结合，建构一个多元、立体的传承模式。

首先，从内容上来说，传统文化传承一是要全面客观地进行传统文化的内容选择，将具有代表意义的传统文化呈现给学生，其中包括传统文化中的主流思想价值观，民族性文化传统，特色化文化艺术等。二是要在批判与扬弃的基础上选择经典性的传统文化著作，并以中肯的态度指导学生去学习、理解。正如有学者指出，但凡一个大国、一个强国，都具有能在世界上足以称道的本国文化，这是一种真正的本国特色的非物质力量。三是将传统文化与当前的思想价值观相对比融合，即将传统文化的思想内涵以与时俱进的方式对大学生进行思想引领，从而有效发挥传统文化的育人作用。

其次，从途径上来说，传统文化的传承要形成一个立体层次，包括以学校网站为代表的校园网络媒体，以校报、校刊、宣传栏、社团期刊为代表的平面媒体的文化传播，也包含学校物质文化、精神文化、制度文化建设中的文化内涵，课程选择、课堂教学中的传统文化内容解读，再到校园文化活动的开展，对于学生评价中的传统文化意义显现等，从而形成一个由外到内的学校立体传承体系。

最后，整合社会的媒体资源，积极利用诸如广播、电台、电视台及书籍、报刊中涉及传统文化的栏目或相关内容，使学校内部小环境与外部大环境形成合力，从而使学生自觉或不自觉地在生活与学习中理解与践行传统文化的内在价值取向。

在制度层面要给予传统文化传承以有效保障。从调查中学生的反馈情况来看，在制度层面没有发现有效的保障机制，也就是说对于传统文化的重视与否没有在制度层面体现，在实施层面更是没有明确的指导、激励与制约，因而传统文化传承只是停留在理论上或形式上，而无法真正落实。因此有效促进传统文化的传承必须建立完善的制度保障体系。

具体来说，这种制度体系体现在三个层面：一是在课程与教学层面，显性课程与隐性课程建设中都要充分展现传统文化的魅力，诸如以学分选修的形式将传统文化内容融入常规课程体系中去；二是在学生活动层面，将传统文化相关的活动开展及学生社团组织建设纳入对学生工作管理考评制度体系中；三是在学校管理层面，从学校的宏观办学思想，到对学院及部门的管理要求，再到对教师的教学工作评价，都将传统文化传承在观念上、在措施上体现出来。如此，不论是宏观的方向指引还是微观的具体操作，都能建构起一个立体的，以规范、激励等方式保障传统文化有效传承的完整体系。

在社会层面要创造传统文化传承的良好氛围。高校中优秀传统文化的传承不仅需要高校自身采取行之有效的教育行为措施，还需要政府、教育行政管理部门及社会各方面都能给予足够的重视，这种重视既包括政策层面的激励与引导，也包括物质层面的支撑。

在政策层面应通过制定相应的评价考核机制，激励与引导高校把优秀传统文化传承作为学校教育教学的重要内容，比如把校园文化建设、教育质量评估、专业与课程建设等方面优秀传统文化传承的具体实施情况作为评价高校教育教学的组成部分，推动高校教育教学改革，形成学校重视优秀传统文化传承的良好氛围。

在物质层面需要必要的支持与保障。高校优秀传统文化传承需要特定的空间与物质设施，需要必要的经费保障，政府与社会各方面的物质支持将具有积极的推动作用。除基本的保障性拨款外，还可以设立专项经费，鼓励全社会对传统文化传承的积极探索，从而在全社会形成良好的优秀传统文化传承的外部条件，进一步推动优秀传统文化在高校的传承。

总之，推动传统文化在高校传承，不论是从社会文化传承意义角度还是从个体教育发展意义角度都是必须给予高度重视的课题，需要形成合力，并且要长期、深入、创造性地去完成这一历史与社会所赋予的使命。

第二节　地方高校在传承地方传统文化中的使命

2017 年，中共中央办公厅、国务院办公厅印发了《关于实施中华优秀传统文化传承发展工程的意见》，第一次以中央文件的形式对传承和发展中华优秀传统文化做出了具体要求。习近平总书记多次在讲话中强调"一个国家、一个民族的强盛，总是以文化兴盛为支撑的。没有文明的继承和发展，没有文化的弘扬和繁荣，就没有中国梦的实现。"把传承和发展中华民族的优秀传统文化，提升到建设社会主义文化强国，实现伟大"中国梦"的重大战略高度。

地方传统文化是中华优秀传统文化的重要组成部分，它是一个地域道德传承、文化思想、精神观念形态的综合体现，在凝聚人心、展现地域特点、促进地方稳定和和谐发展中发挥着不可替代的作用。地方高校受地方文化孕育，自带地方传统文化基因和文化烙印，反哺地方，传承、发展、创新地方传统文化是其使命也是其自我发展的需要。

一、高校是传承地方传统文化的核心载体

2011 年胡锦涛总书记在清华大学百年校庆大会上首次将"文化传承创新"作为高校的四大职能之一提出来，中共中央、国务院 2017 年印发的《关于加强和改进新形势下高校思想政治工作的意见》中再次明确指出了文化传承创新是我国高校肩负的重要使命。

地方高校作为地方的文化中心，拥有无可比拟的文化、智力、教学、科研、学术交流等优势，具有传承、繁荣、引领地方文化，推动地区经济和社会发展的能力，因而地方高校必须发挥其优势，主动承担起传承和创新地方传统文化，提升社会服务的实力。

二、传承和创新文化是高校自身发展的需要

地方传统文化丰富了德育教育的内容和形式，提供富有特色和活力的资源，增强德育教育的生命力和创造力，提升教学的说服力、影响力，在高校的德育教育和人才培养中发挥积极作用：

（1）有利于培养学生民族精神；学生通过地方传统文化看到真实的国情、民情，感受到人民的勤劳、智慧、善良，找到历史归属感，增强民族自信心，使青年大学生在"国家兴旺，匹夫有责"的家国情怀里学会担当。

（2）有利于提高学生的道德修养；"立德树人"是高校育人准则，地方传统文化中的"仁、义、理、智、信"这些道德准则正是德育教育的依据。传承地方传统文化不仅可以提升青年学生道德修养，开拓思维，学习为人处世的原则与方法，更能帮助学生启迪良知，明心见性，为个人的全面发展提供前进的动力。

（3）有利于增强学生坚强的意志力与自强不息的精神；"天行健，君子以自强不息"，地方传统文化中历史英雄人物的刚健有为、百折不挠的开拓进取精神，为学生树立了人生的榜样，激励青年学生勇敢面对逆境，冷静面对顺境，迎难而上，永不放弃。

（4）有利于引导学生建立正确的人生观、价值观；传统文化蕴含着丰富的精神、理念和规范，如位卑不敢忘忧国的家国意识，崇德向善、见贤思齐的社会意识，孝悌忠信、礼义廉耻的荣辱意识，体现的是社会主义核心价值观的标准。青年学生在地方传统文化的熏陶和影响下，学会积极地探索人生、感悟人生，树立正确的人生观、价值观。

地方传统文化拓宽高校学科建设平台，地方传统文化博大精深，内容丰富，许多优秀的地方文化研究成果，及地方学科发展优势，都可以被高校所借鉴，为其建设具有地方文化特色，满足区域经济、社会发展需求的专业和课程服务。

地方传统文化促进特色校园文化的形成。俗话说"一方水土养一方人"，根植于地方的高校因其特殊的地缘关系，是吮吸地方传统文化的乳汁成长起来的，因此，地方传统文化对地方高校办学特色的形成具有重要的熏陶和影响。同样，只有挖掘和利用地方传统文化培育出的地方高校的办学特色，才具有旺盛的生命力和独特个性。此外，作为一种高级而有活力的文化形态，又可以通过学术研究、文化生活、人才的输出等反哺地方，对地方传统文化的发展起到示范和引领的作用。

三、传承地方传统文化的策略

选择与批判。地方传统文化是该民族或地域的人类创造的物质财富和精神财富的总和，包括历史、地理、风土人情、传统习俗、文学艺术、价值观念等等，在其形成和发展过程中，不可避免会受到当时人们的认识水平、时代条件、社会制度的局限性的制约和影响，因而也不可避免保留下来有精华也有糟粕。精华与糟粕的评判具有时代性和现实性，古人津津乐道的精华在今天可能就不那么准确，甚至变成了糟粕，所以我们的批判不是一味地否定和嘲笑，而是辩证地进行选择和批判：①将一些不符合时代审美、不符合社会发展要求的文化进行封存，

认可其历史的存在性，否定其现代的价值，如跪拜礼、裹小脚等习俗。②对有些内容可抛弃其封建的思想内核，提取其积极向上的精神因素，成为新时代文化建设的思想要素，如儒家思想中的"修己安人""正心修身"等。③对那些愚昧、腐朽的文化糟粕，必须"移风易俗"，自觉地加以剔除，如男尊女卑、愚忠愚孝等腐朽愚昧的观念。

创造和培育。习近平总书记在纪念孔子 2565 周年诞辰国际学术研讨会暨国际儒学联合会第五届会员大会开幕会上的讲话中提出："努力实现传统文化的创造性转化、创新性发展，使之与现实文化相融相通，共同服务以文化人的时代任务。"地方传统文化也一样，在批判地继承后，最重要的任务就是创造和培育。地方高校科学、民主的大学制度；自由、宽松的学术环境；专家学者的研究成果；青年学生的活妖思维；世界前沿信息的汇集；传统文化与外来文化交流与碰撞，使其成为新文化培育的最好的土壤。根植地方传统文化的基础，创造培育出符合新时代新特点的新文化，就是不断推陈出新。所谓出新，即对地方传统文化的精华和那些至今仍有借鉴价值的内涵进行清理，挖掘提炼其深层内涵，对原来陈旧的表现形式加以改造，赋予其新的时代内涵，积极创造新的内容和形式，进而激活旧地方传统文化的生命力，培育出新的地方文化和精神，让地方传统文化展现新的时代风采，散发出永久魅力。创新和培育是一个复杂而艰巨的过程，不可能一蹴而就，但是，这个过程又是对地方传统文化的再次提升和超越，只有在既继承又创新、既扬弃又发展的辩证统一运动中，地方传统文化才会有巨大生命力，才能不断向前发展。

引领和发展。"大学作为创造并培育新文化的中心，始终辐射、影响、引领着社会文化的更新和发展。"这正是地方高校传承地方传统文化的价值体现。高校对地方社会的文化建设有强烈的辐射和示范功能，如何发挥这种功能，使地方高校成为地方文化的源泉，地方文化建设的中心，发挥引领地方文化的作用，首先必须是地方高校已有效地实现了地方传统文化的内转化，自身文化建设定位准确、特色突出、优势明显，有明确的服务地方的办学理念，在地方的政治、经济、文化发展中有价值有优势。其次，在政策、机制、舆论等多方面引导高校教师和科研工作者积极参与地方文化建设的实践，充分发挥高校人才优势、学术理论优势，学科交流和融合的优势，把理论研究成果付诸地方文化建设的实践，指导和支持地方文化建设，发挥地方高校的社会文化引领作用。再次，地方高校是人才的摇篮，也是科技研究成果的摇篮，通过为地方建设输送各类高层次人才，加速科技成果的转化为地方文化建设增加动力。最后，地方社会文化的发展归根是服务于经济社会的高质量发展，高校应着力推动地方传统文化产业的发展，使其成为地方经济新的增长点，促进富有潜在经济价值的地方传统文化实现自我发展，坚定文化自信，实现"以商养文，以文兴商"，真正推动地方传统文化的发展。

第三节　传统养生文化在高校中的传承与发展

目前，传统养生文化随着社交类 APP 的盛行，进入空前繁荣的阶段。人们生活便利的同时节奏也越来越快，身体长期处于忙碌中，可能为以后身体健康埋下隐患。此种大环境下，无形之中给传统养生文化的兴起创造了良好的机会，而群众急需养生知识给予正确的引导。学校是传播与推广知识的源地，传统养生文化与高校的有机结合，既可以丰富高校传统教学内容，又可弘扬优秀的传统文化。并且实现传统教育多元化目标，逐渐培养学生终身传统健康观的思想，推动高校传统教育的新发展，促进传统养生文化传承。

一、高校传统养生文化的特点

高校传统养生文化是社会文化的一种具体形态，高校传统养生文化内容丰富、具有知识化、广泛性、多元化、全面性等特点。其在发展过程中深受其内在的物质文化、行为文化、组织文化、精神文化和制度文化发展的影响，且在不同的发展时期体现出不同的内涵。随着科技的进步及国家对传统文化传承的重视，传统养生文化与现代文化在现代文明的催生下相互交融，互相影响，并逐步与西方文化相互磨合与贯通。同时，高校传统养生文化依托其内在的精神文化与物质文化相互促进催化形成多层面、多方向发展，从而使传统养生文化内容更加丰富多彩。传统养生文化活动是知识辐射与传递的良好载体和渠道之一。学生在校园传统文化活动中将自身了解的传统文化知识传递渗透到活动中，实现养生文化自身的价值意义，从而使高校传统文化活动的氛围更加精彩活跃，内容更加丰富。

高校传统养生文化有设施功能完善性特点。高校作为传道授业解惑的优质场所和面向社会输送合格人才的窗口，其物质文化丰富，制度文化完善，精神文化活跃繁多，在构建和谐校园建设中发挥着不可替代的重要作用。而完善的传统运动场地，优质的养生运动设备，一流的师资队伍是保障大学生传承传统养生文化、参加养生活动的重要因素。

二、传统养生文化在高校中的传承

在高校中的传承方式。各种文化的传承主要是以人为载体进行传承。学生在学校组织的各项活动中不是随意的，而是受一定制度制约。学校制定相关的规定推行校园传统养生文化，学生潜移默化中将养生文化嵌入学习生活中，无形中传承各种文化。

在物质层面上，依托高校传统教学课程传承。目前传承媒介已经呈现多样化（微信、微博、书籍、杂志、报纸、电视等等），但最直接的当数传统课程的传承。传统养生文化主要通过传统相关课程、学校举办的各种传统养生活动得以传承。传统养生课程是最好的传承渠道，课程中教师以语言、文字、图像等为传承介质，把知识传递给学生，再让学生传递给他人。

在制度层面上，依托高校规章制度传承。高校规章制度是各院校根据自身的实际情况，为完成国家有关法规规定的教学任务、训练与竞赛以及群众文体活动开展，以及继承与发扬本校具有鲜明特色的优良的传统文化而制定的行为准则。高校规章制度的制定应该以人为本，力求高校传统制度人性化。应从教育传承引导的角度出发，以培养学生坚强的意志品质，团结协作的合作精神，提高传统文化素养，使学生在传统文化活动中传承其特色，在潜移默化中接受教育，提高传统文化意识的同时深化自身。另一方面，切实发挥高校传统文化部门职能，可以成立专门学校传统文化建设小组，要使学校各职能部门认真履行职责，协同有效地建设好学校传统文化，并由负责学校教学的副校长牵头，各职能部门的相关领导参与制订各自的职责，做到责任到人。另外各高校规章制度应与学校传统主要开展项目紧密结合，规范师生及相关工作者的行为，促进学校传统文化事业的发展。

在精神层面上，依托情感意念的心理传承。我国传统养生文化有着丰富的精神内涵且渊源深厚，其汇聚了人们对于生命、宇宙、社会等一切自然、人文现象的思考与探索，集儒、道、佛、医、武等于一体，内外兼收，动静相宜。精神层面的情感意念在文化传承过程中不断赋予学生想象、智慧以及思想意识，不断使人的头脑产生新的思想意识。精神层面的传承过程是人的心理传承过程，主要体现在心理的认知过程，反映在校园以精神汇聚凝聚力，促进校园和谐。传承不只是代表个人，而是代表整个校园文化精神、整体风貌以及传统养生文化的精华。

传承价值。

传统养生文化的繁殖。理论是文化的基石，中华民族在五千多年的发展历程中已逐步形成和完善了传统养生文化。但传统养生文化理论薄弱，很大程度制约传统养生文化的传承与发展。文化繁殖是一种文化的扩散现象，即传播。传统养生文化的繁殖需要运用科学的方法与理念对其进行深入挖掘与系统的整理。寻找传统养生文化与现代传统理论的结合点，善于融汇两者的共同点，突出各自的特点。传统养生文化的繁殖必然也会伴随着文化的增值，从而提升养生文化在整个传统领域的比例，为形成科学系统的理论体系与传承机制打下坚实的基础。

传统养生文化的个性与共性融合，继承与创新。在全球逐渐一体化的形势下，西方传统文化强势入侵，我国民众的观念逐渐被西方传统运动的文化思想、价值观念同化，从源头上弱化了中国传统养生文化价值观念的传承。传统养生文化注重强调"天人合一、以人为本"的精神；西方传统文化提倡竞争，超越对手，其传承过程是在相互较量、相互比较中完成的。我们要在传统文化走向国际化的同时，与西方传统文化相互融合发展，也要保持中国传统养生文化的个性，积极传承传统养生文化"养""生""和""合"的本质。不能让中国养生文化淹没在西方传统文化中，应向世界展现中国传统养生文化的精髓。在坚持传统文化的"共性"下，加强两种文化之间的融合，寻找共性，丰富各自的文化价值体系。我国传统养生文化价值也应继承注重个人修养的传统，注重传统文化的个性，根据各地方的地域特点，坚持以人为本的前提下，做到"养""生""和""合"，促成精神升华，形成独特的养生文化、民族风格，达到人与自然、社会和谐的目的，彰显出传统养生文化的个性，形成新型文化传承价值体系。继承是传统养生文化繁衍的基础，创新是传统养生文化前进的动力。传统文化的传承本身是开放的、动态的、不断累积与创新的过程。人们在原有的基础之上有目的地对传统养生文化进行发展创新，使原有的传统养生文化体系与时俱进。在创新中继承，在继承中创新，充分发掘传统养生文化的价值，促进传统养生文化的繁荣。

三、传统养生文化在高校中的发展

（一）发展原则

第一，高校传统养生文化的发展应遵循传承特色的原则。传承特色是发展传承高校传统文化的灵魂，各高校传统文化自身的明显特色和主流性。比如，我们现在实行的一校一品项目，就是要打造本校的特色传统文化。

第二，高校传统养生文化的发展应遵循内外兼容原则。各高校在注重本校特色文化的同时，又必须吸收其他高校的文化和其他国家高校的文化。只有不断将当代先进文化融入本高校传统文化中，将传统文化与校园文化建设有效融合，才能保证其可持续创新发展。因此，推广高校传统文化必须坚持内外兼容、融会贯通。

第三，高校传统养生文化的发展应遵循因地制宜原则。各高校校园传统文化涉及的传统项目种类繁多、内容丰富，在传承与推广过程中也应遵循因地制宜的原则，根据地域特色采取相应的措施。传承和普及项目的选择和改良也应力求新颖活泼、简单易行，要使参与人群达到增强体质和娱乐身心的双重效果。

（二）发展意义

高校的教学目标之一是培养德、智、体、美、劳全面发展的专业人才。学校各种类型活动较多，文化气息和学术氛围浓厚，是提高大学生审美情趣与陶冶情操、锻炼意志的良好场所。其对大学生的意识、行为、心理等发挥着不容忽视的教育和娱乐功能。

1. 教育功能

在大学整个教育环节中，学生的主要课程是学习专业基础知识。随着时间的积累会引起学生的逆反心理，而传统养生文化可以协调学生的学习生活，使学生释放学习压力，缓解情绪。这样既可以促进并提高学生的学习效率，还可以在无形之中传播传统养生文化。在学习传统养生文化的过程中，让学生身临其中，体验到集体的温暖和力量，公正平等的意识，产生积极进取、催人向上的教育力量。逐渐培养学生们的意志品质、塑造良好的形象，使其形成完善的心理机制。

2. 娱乐功能

学生学习应与娱乐携手共进，校园传统养生文化在娱乐方面起着不可忽视的作用。通过调查各院校发现：各个学校的娱乐活动是每个学院不可或缺的一部分，教师应调动学生对传统养生的积极性，引导学生参与传统养生活动；学校定期举行养生活动节，提升整个学院的养生氛围，使学生在参与养生活动中达到欢悦身心之目的。

（三）传统养生文化与高校相互依存发展

1. 传统养生文化依托高校发展

高校文化是社会文化的组成部分，高校传统养生文化是高校文化的组成部分，都与社会文化密切联系。高校传统文化建设需充分发挥学生联系社会的积极作用。高校不但是知识传授、信息传播的前沿阵地，是新思想、新思潮的萌发地，还是社会的文化先导。高校创造出精良的精神产品和传统文化财富推动社会的发展。且课外传统文化在活动空间上可以冲破传统格局，可以更多更宽地跨行业进行传统文化联谊活动，创新活动形式。进一步做到灵活、开放、动态、多样以适应更多学生的参与。拓宽传统养生文化传播推广渠道，全面普及和发展传统养生文化。针对新时期高校传统文化发展的社会化趋势和特点，高校传统文化建设应以规范管理、大力扶持学生传统文化社团和传统文化协会为主，利用课余时间加强传统文化与社会文化之间的交流。做到以学校为主、社会为辅，切实推进高校传统养生文化的健康发展。

2. 高校依托传统养生文化提升自身实力

高校软实力是一种精神力量，包括办学理念、发展战略、学校校风、学校传统文化氛围等，是一种隐形的实力。人们无法从表面直接衡量，但对学校的综合实力却起着不可忽视的作用。学校文化是学校软实力的核心力量，而实力成分逐渐变多的传统养生文化是学校文化的重要组成部分。校园传统养生文化是以学生为主体，以课外传统文化活动为主要内容，以校园为主要空间，以校园精神为特色的一种群体文化。校园文化作为一种社会文化是在一定社会政治、经济、文化、教育、传统等条件下，由学校广大师生在实践过程中共同创造的传统物质财富和精神财富的总和。学校传统养生文化软实力是学生教师接触最有活力与创造力的文化。良好的传统养生文化氛围有利于师生形成良好的道德品质以提高师生整体素养；有利于学校培养出德才兼备的人才使高校传统文化软实力实现全面、协调、可持续发展；有利于提升学校的综合实力。

传统养生文化是高校软实力的重要组成部分，高校传统教育对养生文化的传承发挥着不可忽视的作用，两者相互协调发展。传统养生文化要赶上时代的潮流，增强自身实力，走出具有养生色彩的传统道路，并树立传统养生文化的里程碑，促进传统养生文化的传承与发展。

第四节　高校图书馆在传统文化传承中的作用

习近平总书记强调指出：把培育和弘扬社会主义核心价值观作为凝魂聚气，强调固本的基础工程；继承和发扬中华优秀传统文化和传统美德；广泛开展社会主义核心价值观宣传教育；积极引导人们讲道德，尊道德，守道德。追求高尚的道德理想。不断夯实中国特色社会主义的思想道德基础。他强调，核心价值观是文化软实力的灵魂，文化软实力建设的重点。因此，培育和弘扬社会主义核心价值观必须以中华优秀传统文化为立足点，努力营造良好的社会人文教育氛围。

一、传承传统文化进行全民教育的重大意义

中华传统文化是世界文化整体的重要组成部分，其内涵浑涵汪洋、博大精深，是中华民族几千年创造的人类宝贵财富，它在历史上曾经大放异彩，而在现代化的今天仍然具有重要指导意义。中华传统文化是以儒家文化为主流，"礼义廉耻，仁德善孝"是其核心内容。明末学者顾炎武在《日知录·廉耻》中说"礼义廉耻，国之四维；四维不张，国乃灭亡"。他认为"礼义廉耻"是人立本的根基，是为学做人的根本，一个人若失去了"礼义廉耻"，则这个人就失去了立身之本，同样如果一个国家失去了"礼义廉耻"则这个国家就失去了立国之基；国将大乱而招致灭亡。因此，他认为，要保持国家不亡，就要让社会全体成员保有礼义廉耻以使社会道德不沦丧。为此必须重视良好社会风气的培育。为构建良好的社会风气，重建社会伦理道德规范，他主张开展全面社会教育。学习中华优秀传统文化能净化人的心灵，洗涤人格修养，是人的心灵永远处于澄清真实的状态，不为庸俗、低级丑恶的思想玷污，进而能主动排除有违传统文化，及阻碍社会发张的可耻思想的干扰。

青少年是国家的未来，民族的希望，加强对青少年学生的中华优秀传统文化教育显得尤为重要，这对于培养中华优秀传统文化的继承和弘扬，推动文化传承创新，建设社会主义先进文化具有基础作用。为此，2014年3月26日，教育部印发了《完善中华优秀传统文化教育指导纲要》（以下简称《纲要》）。《纲要》强调：在学校课程建设和课程标准修订中强化中华优秀传统文化内容。进一步丰富中小学德育课和高校思想政治理论课的教学内容，提升教学效果。目前教育部正在启动修订高中阶段课程标准，将把加强中华优秀传统文化教育列入修订内容之中，小学至初中阶段的课标修订工作也会适时启动。同时，在中考，高考升学考试中，在中小学教师资格考试中，将增加中华优秀传统文化的比重，并将中华优秀传统文化教育纳入课程实施和教材使用的督导范围，定期开展评估和督导工作。在高等教育中，鼓励有条件的高校统一开设中华优秀传统文化必修课，拓宽中华优秀传统文化选修课覆盖面。在教育内容上，《纲要》指出：加强对青少年学生进行中华优秀传统文化教育，要以弘扬爱国主义精神为核心，开展以"天下兴亡，匹夫有责"为重点的家国情怀教育；以"人爱共济，立己达人"为重点的社会主义关爱教育；以"正心笃志，崇德经毅"为重点的人格修养教育，着力培养青少年的爱国情怀和健全人格。在小学低年级，以培养学生对中华优秀传统文化的亲切感为重点；开启启蒙教育，培养学生热爱中华优秀传统文化的感情。在小学高年级，以提高学生对中华优秀传统文化的感受力为重点。开展认知教育，了解中华优秀传统文化的丰富多彩。在初中阶段，以增强学生对中华优秀传统文化的理解力为重点，提高对中华优秀传统文化的认同度；引导学生认识我国作为多民族国家的文化传统和基本国情。在高中阶段，以增强学生对中华优秀传统文化的理性认识为重点。引导学生感悟中华优秀传统文化的精神内涵。增强学生对中华优秀传统文化的自信心。在大学阶段，以提高学生对中华优秀传统文化的自主学习和探究能力为重点。培养学生的文化创新意识，增强学生传承弘扬中华优秀舒张文化的责任感和使命感。这是从源头上净化民心民风，培育新一代的社会公民。学术界对"中国传统文化"时间的界定存在不同看法。有的学者认为，"中国传统文化"指周秦到清中叶

这三千年时间里，中华民族的创造文化；有的学者认为，这是自古至清晚期以前，中华民族创造的文化。开展传统文化教育涉及全社会每一个成员与每一个国民，每一个单位息息相关。因此，要想搞好这项工作，必须发动和各个机关单位，把一切积极因素全部调动起来。群策群励，努力做好这一工作。

二、高校图书馆助推传统文化教育

高校图书馆是知识储存器，蕴含丰富知识。当然也蕴含大量传统文化的宝库，它既可以为学生学习提供充分自主也可与社会沟通，为全社会学习传统文化提供充分条件，使传统文化教育得以长期坚持下去。其次，高校图书馆具有丰富的馆藏，形式多样，种类齐全，具有较强的系统性和多样性，以及良好的学习环境，文化氛围浓厚，拥有一批对传统文化学有专长的专家教授队伍等优势。

高校图书馆拥有丰富的馆藏资源。高校图书馆得天独厚，拥有丰富的馆藏资源，内容广泛，种类齐全。既包含文史哲教育等方面的社会科学，也包含数理化、生物、天文等的自然科学方面的书刊。既包含中国传统文化，现代文化，也包含外国的文化，构成了高校文献信息的信息资源中心，能充分满足高校师生以及社会成员学习创新文化的需要。

拥有系统性和多元性的丰富馆藏。高校图书馆的馆藏丰富，且在引进书刊、资料时视野开阔，资料先进。由于读书层次不同，所从事的专业不同，查阅文献资料的目的不同，因而，高校图书馆馆藏的传统文化书籍层次不同，种类各异，数量丰富，足以满足全校师生及各种社会成员学习传统文化之需。

良好的阅读环境、浓郁的文化氛围。近年来高等学校，经过新建改建工程，使校园环境变得更加宁静、优雅、舒适，更宜与从事传统文化的学习和研究。同时馆方为重视读书并爱读书的人提供宽裕和谐的人文环境，有利于人们潜心钻研学问及互相交流，大有益于人们接受传统文化教育。

拥有一支客观的专业队伍。高校图书馆拥有一支数量大、质量较高的专业队伍，经过长期工作实践及不断学习有关知识，他们文化及专业技术水平不断地提升，可以较好地帮助读者使用检索工具，使读者能更深入、更迅速准确地查阅所需内容，达到事半功倍之效。为了更深入地学习传统文化，高校图书馆可以定期开展知识竞赛；不同层次的讲座、读书演讲、专家专题讲座，以及开展论坛等活动，激发人们学习传统文化的热情，从而促使高校图书馆在传统文化教育中充分释放出正能量。

三、高校图书馆助推传统文化教育的措施。

以大力宣传传统文化教育的意义来助推传统文化教育的进行。为此，高校图书馆应采取一切可行的方式、方法，全方位地宣传传统文化教育的意义，以形成良好的社会舆论气氛，诸如可通过报刊、电视、网络、博客、QQ群、微信等多种方式来进行宣传，也可面向社会进行组合字各种各样的读书活动，例如读书讲座、演讲比赛、好书推荐等方式进行传统文化教育的宣传，使社会成员充分认识图书馆，走进图书馆，以助推其学习传统文化的积极性。此外，为了提高广大读者、对传统文化学习的自觉性和兴趣，可以有选择地将传统文化中的经典名句，及千古不朽的警句写成条幅张贴在图书馆阅览室及学生自习室的墙壁上，亦可将相关座右铭置于学生阅读桌上以起到潜移默化的作用，使传统文化知识铭刻在读者脑海中，经久不忘。

高校图书馆应与社会各界互动，来助推全民的传统文化学习。高校图书馆拥有丰富的馆藏和现代化的阅读设施，且环境优雅学术气氛浓厚，并拥有一批有着一定造诣的专业人才，这些条件都令人刮目相看，可以吸引更多的社会成员慕名前来就读，产生令人瞩目的学习效果。因此，高校图书馆有必要与有关政府部门，宣传媒体，教育机构，各级公共图书馆和社会各界加强互动、沟通交流，从而实现资源共享，相互协作，发挥自身的优势。

通过向社会开放，助推传统文化教育。高校图书馆虽然拥有得天独厚的优越条件，但相对来说却处于一个比较封闭的状态，而不为社会人士了解，这对图书资源实在是一个不应该浪费的浪费，因此，高校图书馆迫切需要向社会开放，吸引更多的社会成员走进图书馆，认识图书馆，更好地接受传统文化的教育，从而提高高校图书馆资源的利用率，也提高了高校图书资源的社会认知度。

EPC 模式的最主要优势在于建设单位只需要进行一次招标，只需与施工总承包方签订合同。因此，招标和合同管理的工作量将会大大减少，简化了许多流程，同时责权分明。

第五节　传统孝文化在高校德育中的传承与创新

我国的孝文化有着悠久的历史，其中的内涵更是十分丰富。但是一个时期以来，受各种各样的社会因素的影响，传统孝道观念逐渐在部分人心美德中失去了其重要地位，而有的人更是将这种传统抛之脑后，这也就意味着高校德育教育正在面临着严峻的挑战。因此，传统孝文化在高校德育教育中的传承与创新已经成了打破这一僵局的有力武器。

一、加强孝文化教育的意义

众所周知，中华民族文化有着十分漫长的历史积淀，其中有关于养老以及敬老的话题更是在几千年前就被人们所谈论。因此不管是加强孝文化传承还是促进孝文化创新都成了弘扬中华孝文化、构建和谐社会、应对我国的人口老龄化问题的推动力。

（一）加强孝文化教育有利于弘扬中华孝文化

孝文化包含了所有的有关于孝的制度理论、思想观念、文艺作品、行为规范以及民风民俗。孝文化所传达的重点是人性的真善美，而行孝则变为了美德之首、齐家治国之道，我国的孝文化将中华民族精神以及品性塑造得更为丰厚。我国孝文化在经过历代思想家的推崇以及人民群众的实践之后，已经逐步变成了基本的中华道德规范原则以及社会基本特征。我国孝文化最为主要的内容就是敬老养老，孝道是中华民族所普遍认同的传统，主要强调的就是尊老爱幼，关键的在于子女要孝敬父母、晚辈要尊敬爱护老人，让老人们可以享受天伦之乐。因此，孝文化不管是在过去还是现在、将来都具有较好的社会意义。

（二）加强孝文化教育有利于和谐社会建设

和谐指的就是在事物的发展过程中不是呈现对抗性矛盾的统一状态。而作为和谐文化之中的基础，孝文化推动了中华民族传统和谐文化的发展。就孝文化的起源以及发展来看，我国孝文化最主要的目的就是构建我国社会的和谐氛围。我国孝文化发挥着极稳定社会的作用。第一个作用就是维护家庭和谐。家庭是社会的重要组成部分，人们在家庭之中成长并在长大之后逐步融入社会，在家尽孝以及为国尽忠始终是传统的中华美德。如果正确引导中华孝文化将会引领出众多良好的社会规则并促进社会文明的发展。而弘扬孝文化则是引导大学生养成良好性格的有利方式，帮助大学生建立团结的人际关系并促进社会稳定。

（三）加强孝文化教育有利于应对我国的人口老龄化问题

已经发布的资料显示，中国在 1999 年就已经进入了老龄化社会，在 2051 年将会达到最大值并维持在 3 亿到 4 亿左右。这也就意味着我国将会成为拥有最多全球老年人的国家，而人口老龄化问题也会随之给社会带来诸多社会问题，最为主要的问题便是老年人养老模式问题，这已经成为影响代际关系的主要问题。随着我国经济结构的变革，人们的思想观念产生了巨大的转变，人们生存压力的增大使得我国几千年延续下来的完全靠家庭养老模式受到了前所未有的冲击。而如今，在一部分社会成员心中，老年人就是阻碍他们继续前进的累赘。在这个过程之中，孝道被逐渐淡化，老人在家庭中的生活不能得到足够的重视。基于我国目前的发展水平还不能完全实现社会养老，专职从事老龄工作的人员较少，这种现状已经与当前人口老龄化发展形势和工作需求不能相适应。因此培养年青一代尊老、敬老养老观念意识。加强孝文化教育可以缓解我国当前即将到来的老龄化社会的养老问题。为社会减轻负担把养老落到实处提供一定的解决途径。

二、影响大学生传承孝文化的因素分析

现今的大学生大多是"90 后"，在独子化社会、市场化社会、信息化社会、全球化社会之下，他们逐渐成长起来了，所以其有着独特的自我意识、价值观念以及行为方式。他们对包括传统孝文化在内的传统文化有着自身独特的理解，不过却在实际生活中显现出了淡薄的孝道观念，最为突出的表现就是敬老意识更加薄弱、难以理解长辈的行为观念、不懂得尊重父母。许多的大学生将父母对自身的照顾视为天经地义的事，往往只是顾及自身感受而忽视了父母的感受，因此一些大学生在进入大学之后便开始贪图享乐、荒废学业，甚至有一部分的大学生在入校之后感觉终于可以解脱了。致使现今的大学生缺乏孝道观的原因十分复杂，其中既涵盖了社会历史因素，又包括了家庭教育以及学校教育缺失的因素。

首先，就家庭角度而言，在受到社会生存压力影响以及独生子女家庭环境的影响之后，家庭教育存在许多失衡现象。现今，家长普遍对自己的孩子有着较高的期望，往往只是要求孩子拥有好成绩，而忽视了道德教育的重要性。中国家庭普遍存在一种现象，那就是四个老

人要照顾一个孩子，这种情况之下，家长就会对孩子百依百顺，这就导致许多的孩子认为长辈对自己无私的照顾是天经地义的事。除此之外，家长在孩子的生命之中扮演着第一任老师的角色，但是部分家长却没有以身作则，这就给孩子留下了较为不好的影响。

其次，就学校角度而言，至今为止，因为受到了应试教育影响，学校教育中淡化了传统文化的学习。高校德育大多比较重视的是理论灌输，而传统文化教育的目的恰恰是通过实践才能体现。因此大多高校德育学习难以顺应学生身心规律，以及在日常生活中孝文化知识传播途径的缺失，导致大部分学生难以深入理解孝文化理念。

最后，受到社会中一些功利思想的影响，大学生思想也变得更加多元化，所以核心价值观念也随之变化，因此人们所遵守的包括孝道标准也被打破了。而在市场经济背景下，物质开始推动社会发展。人们只讲利益，只图回报。这种不良的思想观念对大学生的三观的养成以及对高校的德育教育都是巨大的挑战。

三、传统孝文化在高校德育中的继承与弘扬

作为我国优秀传统文化的观念组成部分，传统孝文化必须在高校德育工作中获得继承与弘扬，同时还要使其获得转化和创新发展。而要达到这一目标就必须认真地做好下面三个方面的工作。

（一）注重思想政治理论课中传统孝文化的时代解读

在高校德育中，创新和传承传统孝文化必须立足于思想政治理论课，通过思想政治理论课来补充和完善传统孝文化内涵并逐渐丰富其时代内涵，唯有如此，才可以顺应时代发展的浪潮，同时也更加便于大学生接受。传统孝文化中既具有精华也具有糟粕，那么在解读传统孝文化内涵之时便需要把传统孝文化思想跟思想政治理论课中的时代内容相互结合，从而引申出符合社会核心价值观的时代内涵。比如在传统孝文化中表达出的敬养、大道之孝、不辱等理念，这跟社会主义核心价值观中的"爱国、敬业、诚信、友善"不谋而合，所以这两种理念便能够依靠思想政治理论课来完成时代解读和融合：立足于传统孝文化中倡导的"敬养"理念，可以结合"友善"的时代内涵。在传统孝文化之中，对父母进行"敬养"是十分重要的，主要指的就是子女需要尊敬并赡养父母。在思想政治理论课中，教师便可以将这些内容融入家庭美德教育之中，使用"尊老爱幼"来进行诠释，使用孝德观念来进行要求，并把这种价值理念对全社会进行推广。立足于传统孝文化中倡导的"不辱"理念，可以结合"诚信"以及"敬业"这两个时代内涵。在传统孝文化之中，需要子女做到"不辱亲"，也就是说需要子女在外注重自己的言行举止，不能做出有辱家风之事。而这一理念则能够结合公民道德规范教育中的"诚信"内容。而传统孝文化中还要求子女事业有成、光耀门楣、扬名于世。这部分内容，思想政治理论课教师可以将其内容引申为"爱岗敬业"的价值要求。立足于传统孝文化中倡导的"大道之孝"理念，可以结合"爱国"的时代内涵。在传统孝文化之中，"大道之孝"指的就是需要子女将自身奉献给国家，这与思想政治理论课中的"爱国"原则几乎一致。不过，在思想政治理论课教师阐述这一理念时，还是需要注意摒弃古人受其历史局限性所要

求的愚孝、愚忠理念，从而使"大道之孝"与社会主义核心价值观中的理性爱国要求更加贴合。

（二）立足于校园优秀传统文化建设以提升高校德育中传统孝文化的影响力

高校要注重加强校园文化中优秀传统文化的建设，以此来增强传统孝文化在高校德育中的重要地位，从而使传统孝文化在高校德育中得以传承和创新。在建设校园传统文化的过程之中，主要包含了三个层面的内容，一是物质文化建设；二是制度文化建设；三是精神文化建设。必须立足于这三个层面来进行校园传统文化的建设并对传统孝文化进行传承与创新。首先，是要让校园物质文化建设结合孝文化，从而让大学生可以在校园的一草一木中感受到孝文化的氛围，比如就可以通过校园建筑、校园标志，以及校园园林来展示孝文化氛围〔7〕。可以立足于校园发展历史来建造师德林、感恩墙、励志园等来融入传统孝文化，从而让大学生可以在踏入校门的那一刻就感受到孝文化氛围，这已经成了沉香文化在高校德育教育中传承与创新的重要方式之一。其次，可以在校园制度建设中加入孝文化内容，从帮助大学生提升孝道理念。最后，需要将校园精神文化与孝文化相结合，督促学生们践行孝的行为并产生孝文化情感。校园精神文化是学校成员所普遍认同的学校风貌、思想观念以及价值取向。如果想要传统孝文化在高校德育教育中能够得以传承与创新，就必须在高校的校风、教风、校训、学风中融入孝文化，从而让教师和学生都可以在尊师重道的文化氛乐于教学、乐于学习。除此之外，校园精神文化还包括了校园行为文化，这一文化体现在师生的言行举止之中，综合反映了学校的人际关系、行为规范以及公共关系。而高校在建设校园行为文化的整体过程之中，可以将传统孝文化加入到学生社会实践以及社团活动中，让学生能够在校园文化氛围中真正体会到传统孝文化的精髓，自觉成为传播中华美德、优秀文化的主体。

（三）以良好家风来激发大学生传承传统孝文化的责任感

在我国古代，倡导修身齐家治理国家的理念，指的就是只要家风淳厚，那么民风将会淳厚；只有众多家庭教育好了自己的子女，那么社会风气才会更加良好。所以，为了培养大学生传承与创新优秀孝文化的责任感，就必须借助家庭以及社会的力量。对于孩子而言，父母是他们的第一任老师，因此家庭教育在培养孩子的孝道行为中起引导作用。唯有家庭重视传统孝道，所培育出的子女才能够将传统孝道理念付诸自己的实际行动。那么在家庭方面，就需要注重家风建设，从而让传统孝文化可以融入所有家庭成员的言行举止之中，这些都是学校德育教育传承与创新传统孝文化的重大基础和前提。在传统孝文化中，不管是"笃学修行，不坠门风"还是"莫以恶小而为之，莫以善小而不为"这些我们所熟悉的家风都与现在社会主义核心价值观密不可分。这也就意味着高校德育教育必须要结合家庭教育和社会影响才能激发大学生传承优秀孝文化的责任感，如果离开了社会及家庭的配合，那么高校德育将成为无源之水、无本之木！

党的十九大报告再次强调指出，要推动中华优秀传统文化创造性转化、创新性发展。所以高校德育教育中传承与创新传统孝文化不仅要依靠高校自身的力量，还需要社会以及家庭的紧密配合。为了促使大学生德育教育提升一个层次并让中华传统孝文化美德得以持续传承与创新，需要营造良好家风，净化社会风尚以及校园氛围来引导大学生的思想观念，使其成为中华优秀传统文化的传承者和社会主义核心价值观的践行者。

第六节　地方高校在传承传统音乐文化中的几点思考

十九大报告指出，"深入挖掘中华优秀传统文化蕴涵的思想观念、人文精神、道德规范，结合时代要求继续创新，让中华文化展现出永久魅力和时代风采"。优秀的中华传统文化是中华民族共同创造的精神财富，是"四个自信"中文化自信的核心构成，其意义重大、影响深远。传统音乐文化的传承是提升地方文化自信，增强地方软实力的一个重要部分。要想使我国的传统音乐文化得到良好的传承，必须注入新鲜血液，依靠新生力量使之焕发青春。必须通过一代一代的年轻人源源不断的加入。因此，如何挖掘好、传承好中华优秀传统文化，是摆在我们面前的一个重要课题。

随着高等教育的逐步发展，高校的社会功能也逐步形成，主要包括了培养人才、服务社会、科学研究以及传承创新文化的四大功能。大学不再是传统意义上的、封闭式的象牙塔，而是以开放的姿态逐步与社会接轨，与经济文化社会的发展紧密相连。尤其是地方高校，它不仅是我国高等教育的主力军，而且是当地传统文化传承发展的主要阵地。众所周知，文化的发展对地方经济社会的发展至关重要，而地方高校在服务文化发展特别是地方传统音乐文化的发展和传承中扮演着重要角色，发挥着重要作用。

一、引领文化进步，推动文化建设是地方高校的天然使命

高校的本质就在于文化，其中包括文化的传承、文化的启蒙、文化的创新。脱离了这些本质性功能，高校的人才培养、科学研究、社会服务都将会成为无源之水，无本之木。地方高校更是与当地的文化起源和发展有着紧密的联系。特别是传统音乐文化，更需要当地文化的积淀和滋养。

例如极具地方特色的怀梆、二股弦、火龙舞等传统音乐艺术形式，随着社会的变迁，历史的发展，已渐渐淡出人们的视野，作为地方高校，有责任、有义务将这些传统的音乐文化形式传承保护下来并发扬光大。高等教育是优秀传统文化传承的重要载体和思想文化创新的重要源泉。地方高校是传统文化传承创新的重要基地，地方高校通过人才培养，为区域文化传承创新培养合格的人才，地方高校通过区域文化研究，处理好地方文化保护、开发、挖掘、传承的关系。

在社会主义文化强国的建设中，地方高校具有得天独厚的条件，同时也责无旁贷。高校既是文化载体，同时也是文化高地。我们要充分发挥地方高校在传承文化、创新文化、文化育人、服务社会等方面的积极作用。

二、文化传承、育人服务是地方高校的重要作用

中原文化是中国优秀传统文化的核心构成部分，源远流长、博大精深。特别是中原传统音乐艺术更是中国乃至世界传统文化艺术中璀璨的瑰宝。其中，贾湖骨笛的发现堪称世界奇迹。它的发现不仅改写了中华音乐史，而且将人类音乐史向前推进到 900 年前。这是中原人对世界的重大贡献，令人自豪，令人骄傲。然而这些都已成为历史，如今的河南虽然是文化大省，但不是文化强省。目前，河南对中国传统古乐的整理、创作与演出亟待开掘，市场潜力巨大。但省市县国有专业院团囿于专业人才匮乏、资金短缺、创作动力不强、精品佳作不多等问题，乏善可陈。更重要的是，与全国其他省份相比，河南没有一所音乐类专业院校，并且现有音乐专业的学科门类不全、教学质量不高，毕业生就业形势不理想……这些问题，都将制约地方高校在传统文化传承过程中的作用发挥。

要想使我们的传统艺术形式重放异彩，首先要在学校建立文化阵地，培养和发掘人才。以焦作师专为例，其不仅是河南省非物质文化遗产研究基地，而且是河南省非物质文化遗产传承基地。学校不仅将怀梆艺术引进课堂，而且还面向全校开设戏曲课程赏析等选修课程，深受广大学生的喜爱，为传统音乐文化的发展提供了有力的保障，同时为传统音乐文化的传承储备了人才。

三、加速科研成果转化，努力实现传承与发展的双赢

近年来，由于焦作师专在传统音乐文化传承方面做了大量的工作，进行了大量了田野调查。在科研方面也取得了累累硕果。焦作师专音乐学院的王建设教授在对古戏楼方面的研究可谓全国知名，在《中国戏剧》《戏剧文学》等国内外核心刊物上撰写了多篇相关论文并成功申报了国家级课题。焦作师专覃怀研究所所长程峰教授在古戏楼碑刻方面的研究也是颇有建树，出版了多部专著，并多次接受中央电视台以及省电视台的采访，大大提高了本校的知名度和社会的关注度。他们的执着与坚守也带动了一批年轻教师积极参与研究。每周四晚上，覃怀研究所都会举行学术沙龙，全校各个专业的老师们都会齐聚一堂，大家在一起讨论学术研究方向、研究方法，分享各自的科研成果。近两年，焦作师专音乐学院教师共发表论文 45 篇、主持或参与省部级科研项目 18 项、主持厅、局级项目 13 项、参与教材、著作的编写 5 部、公开发表或创作指导的艺术作品或省级奖励 20 余项。真正形成了传承与发展的双赢局面。

四、加速了地方文化特色课程建设，提升了学校的影响力

音乐在安邦定国、教化人群、启迪心智、滋养人心、愉悦生活等方面具有其他领域和学科无法比拟的作用。传统音乐文化历史悠久、特色鲜明，本身就是一本很好的历史文化教科书。相较于其他专业门类，音乐专业容易展示、代表一个地方的形象、风采与风貌。因此，地方传统音乐文化的传承亟须以打造特色品牌、特色项目为抓手和突破口，实现"异军突起""弯道超车"，成为全国教育改革的先行先试者，努力探索出一条既立足当下又面向未来的改革之路。既立足于本土，又辐射于全国。

五、亟待解决的问题

传统音乐文化具有浓郁的地方特色，这使得它的发展有着很大的局限性。首先，人才的匮乏。随着老一辈艺术人才的年龄增长，传统音乐文化正面临着后继无人，青黄不接的窘境。焦作师专的《怀梆》课程，由于怀梆国家级非物质文化遗产传承人赵玉清老师的年事已高，而被迫停课，改为《豫剧演唱》课程。而《豫剧演唱》课程的薛丽灵老师也到了退休年龄。其次，宣传力度不到位，很多人尤其是年轻人对传统音乐文化缺乏了解，不愿意潜心研究，使得这些传统音乐文化在传承和发展过程中遭遇瓶颈。再次，重视程度不够。许多领导没有意识到传统音乐文化传承对经济文化发展的重要性。因此，资金、师资等各方面政策支持不到位，使得广大艺术工作者得不到社会的广泛认可，缺乏创作热情和工作积极性。

作为一名艺术工作者，笔者非常关注传统音乐文化的发展，尤其是本土音乐的发展与传承。以河南省为例，近年来，许多地方高校的艺术同仁也在传统音乐文化传承中做了大量的工作。例如：河南理工大学音乐学院专门成立了"埙"的制作演奏研究基地；黄淮学院组建了弹拨乐团。

文化决定人们的人生观和价值观，决定着社会的价值取向和行为取向。为经济社会发展提供正确的价值导向。作为有着五千年悠久历史的泱泱大国，我们不仅要建设经济强国，更要打造文化强国。高校是文化载体，同时是文化高地，具有传承文化、创新文化、文化育人和服务社会的天然使命。笔者认为：必须精准定位，选好项目，找准突破口，借助地方高校的资源，培养出更多优秀的中国传统音乐优秀人才，在提升我市文化软实力的建设中，地方高校具有得天独厚的条件和深远的历史意义。

当今时代，任何一个国家和民族要想跻身于世界先进民族之林，不仅要有高度的物质文明、先进的科学技术，还需具备高度的精神文明、先进的民族精神和时代精神。不仅要提高经济实力，更要提高文化软实力。文化强国不能一蹴而就，但积淀了几千年的文明古国和文化资源大国，蕴藏着无穷无尽的文化创造活力，定能厚积薄发。地方高校在文化强国建设中、在传统文化传承中，具有不可替代的重要作用，我们要积极努力，让传统音乐文化焕发光彩；积极响应党和国家的号召，面向现代化、面向世界、面向未来，培养合格的社会主义建设者和接班人。

第七节 高校校园与城市文化联动传承传统文化路径

党的十九大报告指出："中国特色社会主义文化是激励全党全国各族人民奋勇前进的强大精神力量。"从"两个一百年"奋斗目标到"中国梦"，从统筹"五位一体"总体布局到协调推进"四个全面"战略布局、牢固树立五大发展理念，新一届中央领导集体治国理政战略布局的每一步，都根植于两个文明的协调发展，都离不开精神文明的思想支撑和道德滋养。十八大以来，党和政府加强物质文明建设和精神文明建设，在精神文明建设方面特别关注中华优秀传统文化的传承，并提高到国家的层面来研究推广。在党的十九大报告中他更进一步指出要"推动中华优秀传统文化创造性转化、创新性发展，继承革命文化，发展社会主义先进文化，不忘本来、吸收外来、面向未来，更好地构筑中国精神、中国价值、中国力量，为人民提供精神指引"。传统文化是文化国力的源泉，而民族精神是文化国力的支柱，是中华民族生生不息发展壮大的精神维系。国家的文化建设离不开高校，高校的教学与管理必须与国家社会的需求紧密结合。服务于社会、服务于地方是当前高校教育改革的要点。

一、完善传承机制，确立高校在文化传承中的主体地位

作为国家层面的传统文化传承问题，必须在国家层面去总体构建，因而传承体系的总体规划与建设是重中之重。近年来，党和国家高度重视中华优秀传统文化的弘扬和传承。党的十八大以来，从培育和弘扬社会主义核心价值观的宗旨出发，国家大力推动传统文化的建设和复兴。党的十九大更指出要深入挖掘中华优秀传统文化蕴含的思想观念、人文精神、道德规范，结合时代要求继承创新，让中华文化展现出永久魅力和时代风采。面对如此文化需求，政府应在政策层面上作引导，广泛地发挥各方优势，更有效地实施文化传承事宜。但目前的情况是政府与民间有互动，但渠道比较单一，而作为传承文化的主要阵地——高校，没能发挥更好更有力的作用，因而创新传承体系，发挥高校的传承主体地位，建构更有效可操作的能动机制是传承优秀传统文化实现中国梦的必要，也是创新精神文明建设的途径之一。

建立校园文化与城市文化的联动机制。文化传承机制是人类在为满足生存和发展的需要在实践过程中创造出了文化，并形成了独特的适应于其生存环境的文化氛围和文化背景，文化的传承过程因受这种文化背景的影响逐渐形成了一种较为稳定、延续、系统的模式，并最终形成文化的传承机制。系统化、理论化的传承机制是传承传统文化的主要航道，高校就是实践的主要掌舵者。完善传承机制就是探究如何协调各个方面的关系，以更好地发挥文化传承作用的具体运行方式。要发挥最大的效应，必须建设高校校园文化与城市文化的联动机制以传播宣传优秀的传统文化。

首先，切实地把国家的文化建设指导思想运用到实践中，打造常态的具有活力的联动机制，让传承变成自觉的行为习惯、文化的规范和道德的崇尚，从观念上变文化强制为文化自觉。钦州学院以服务地方为出发点，主动地承担地方传统文化的传承责任。人文学院的部分教师对采茶戏等地方戏曲进行收集研究及改编，并组织学生参与地方传统戏曲的表演，以实践的方式，把传统文化与第二课堂教学结合起来，从源头启动，以科研带动，言传身教，良性循环地让高校校园文化与城市文化联动，更实效地传承了优秀的传统文化。

其次，增强高校与城市各阶层的联动，加大传统节日文化的倡导和保护。传统节日蕴含着丰富的传统文化，要以政府倡导为主，组织开展相关的节日活动，加大非遗等优秀文化的保护，结合现代途径传承优秀传统文化，让年青一代在现实中了解传统文化，更自觉地加入到保护和发展的队伍中。促进政府与民间的互动，以政府牵头为主，民间配合为辅，发挥民间的力量。加大政府投入，建立相关机制，有效地把物质资源投入到传统文化的保护和发展中。

发挥高校文化传承的主体地位。高校是国家教育方针政策和传统文化传承的主要实施者，应充分发挥高校教育桥头堡的作用，建立高校与地方的联动常态机制，让高校教育真正走出校门，服务社会。

高校一贯以学术研究为主，常常忽视社会实践，在传统文化的宣传上主要通过课堂对学生采用填鸭式的教育，总体上收效甚微。要真正深入广泛地传承优秀传统文化，就要拓展传承渠道，充分发挥高校的优势，以校园文化带动，在全社会营造一个传承的良好环境、培养良好的习惯，在潜移默化中达到传承的目的。

文化阵地是传统文化传承、弘扬的重要凭借和保障。无论是发掘与挖潜传统文化的内涵，还是了解与体验传统文化的精髓，都离不开立足本地实际的文化阵地的支撑。发挥高校文化阵地的作用，把教育从学校延伸到社会，能更深入更广泛地传承中国优秀传统文化。首先，要改变过去重面轻点的做法，既要重视"面"的推广，更要注重"点"的深入研究。高校可利用自身的资源，从研究角度入手，挖掘如何以"活"的方式，群众喜闻乐见的方式加大传承的力度，从学校层面到社会层面的逐步推广。其次，传承传统文化，要从大学生的文化认同教育到全社会的文化认知教育。当前文化市场浮躁且商业化，精英文化往往让位于大众消遣文化，高雅文化让位于低俗文化，大学生深受其影响，普遍对传统文化没兴趣，对文化传承更没有历史的责任感和紧迫感，甚至胡乱地改编或错误解读优秀的传统文化，长此以往，传统文化的传承将发生质的变化。因而，必须从源头上抓起，切实让大学生对传统文化有认同感，这就要求高校在建设校园文化时，丰富传统文化的传承内容，以主题性鲜明的板报、讲座、演讲、写作等传统方式和微信、微电影等新媒体方式加大宣传的力度，提高学生的参与度。

完善的传承机制是文化得以传承和发展的重要保障，高校要在其中发挥主体的作用，运用文化的育人功能，打造时代特色与传统特色相结合的校园文化，再通过走出校园辐射社会，从而引领融传统于现代的城市文化。

二、创新"互联网+"模式，促进优秀传统文化的推广与发展

当今世界以互联网、知识经济、高新技术为代表，以满足消费者的需求为核心的新经济迅速发展。在此经济体制下，文化要发展，就要打造相关产业链，因而，以现代形式发展传统文化是必行之路。"互联网+"是现代社会新的经济形态，文化要更好地传承必须结合这种形态的模式，充分发挥互联网的优化和集成作用，推动优秀传统文化纵深发展，从而得到更广泛地传播。

打造"互联网+传统文化"的教育平台。随着"互联网+"时代的到来，传统文化传承迎来新的转型，结合互联网的开放性、视觉性和碎片性的特征，打造新的"互联网+传统文化"模式是必然。在2016广东互联网大会暨全球移动互联网CEO峰会上，就打造了"互联网+传统文化"专场，探讨了互联网+传统文化产业发展方向、未来趋势、投资价值等热门话题。此次聚焦，让传统文化的热度更高，互联网行业、投资行业、传统文化行业的从业者更多地关注了传统文化，这直接推动了中国互联网+传统文化产业的发展。作为传统文化传承的直接参与者，高校更应充分利用互联网，发挥教育资源优势，增加教育传播的广度和深度。

首先，建设以宣传传统文化为主体的网络教育平台，强化校园文化和城市文化之间的联动。网络平台要吸引大众，从外要吸引眼球，从内要操作方便。这就要求平台注重应用程序用户界面的设计，加强控件之间的互相关联，针对视觉流程的特点，设计有传统特色的网页框架，同时布局要合理。

其次，汇编丰富的传统文化内容。精心组织文字记载历史文化，选取优秀传统文化的图片、视频等素材，切合人们的心理顺序和逻辑顺序，放在"最佳视域"，以引起更多关注。

互联网有传播广、速度快的特征，这既是优势也是劣势。优势在于扩大了文化的受众面，但同时又隐含风险，一旦传播的内容有误就会造成不可估量的后果，起到反作用。因而，规范化、道德化是关键，既要把握好度又要讲究质，如此最大化的发挥传播的力量，以达到传承的目的。

创新高校校园文化与城市文化的互动模式。要真正促进优秀传统文化的发展，必须在全社会营造良好的传承氛围，而高校应在其中扮演重要的角色，与社会各界共同打造良好的传承环境，构建高校校园文化与城市文化联动体系，创新互动模式。

首先，建构双循环模式，加强校园文化与城市文化的双向互动。一方面，城市中传统文化的宣传与教育可借助校园文化的宣传平台，通过网络及实体展示等形式面向更广大的人民群众，从而促进传统文化宣传的常态化、动态化，并能及时结合国家政策方针，调整更新宣传内容，跟上时代需求。另一方面，又能将学校人文文化的科研成果转化，从而产生一定的社会效益。

其次，打造精英式的校园文化，辐射大众化的城市文化。利用高校人力资源整合传统文化资源，提炼文化精粹、打造精品，以文艺演出、文字图片等形式输送社会，创新地建设大众化、现代化、传统化的城市文化。

最后，建立三站式交织体系。从社会需求出发探讨校园、城市、社会的人三方的共建。人是灵动的，可变的一个量，让"人"这个元素活动起来，充分发挥其能动性，更多赋予其自由，可由其以"点单"的主动方式，了解传统文化，充分调动校园、城市的文化知识配送功能，从而促进三方的互动，相辅相成达到传播的最大限度。

高校校园文化与城市文化的互动，能最大容量地融合传统文化的内容，能扩大校园文化的辐射影响力，从而促进具备丰富文化内涵的城市文化高品质地发展。

三、创建实践平台，拓展高校校园文化与城市文化联动的渠道

实践机制的建设是本着加强校园文化与城市文化的联动为目的的，注重行之有效的实践，把理论从课本移植到社会生活，充分利用学校教育资源，以资源共享方式加大社会教育，更好地传承优秀的传统文化。

利用高校人文资源，强化内容建设。高校沉淀着深厚的历史文化，人文资源丰富。充分利用好有着历史厚度的人文资源是国家民族赋予高校的不可推卸的社会责任；梳理整合传统文化资源，充分挖掘其文化价值、社会价值是高校文化建设当仁不让的职责。

以提升文化软实力为目的，挖掘传统文化资源。如强化标识文化建设，构思融合传统文化的形象标识，如雕塑等，让其成为校园、城市文化建设标志性建筑；又可在校园、城市规

划中，融入传统文化素材，在建筑、文化设施等文化载体打造上注重传统、饱含历史文化，让传统文化具备了某种"形"的存在。另外，结合传统节日，打造具有传统文化特色的行为标识活动，且以常态化固定举办的时间、形式和内容。在这方面钦州学院充分发挥优势，融合科研力量，创建了北部湾海洋文化研究中心，通过科研体制创新，进行校际合作、校所合作、校企合作、校政合作，整合各种科研资源，开展新海上丝绸之路、北部湾海洋经济与文化互动关系、北部湾海疆语言与民族文化等重大问题的研究。

以传统文化为基石，加大学校与城市的互动，让传统文化从高雅的高校课堂走入社会寻常生活中。以经典再读、节日传统文化活动、比赛等方式，加强学校与社会联系，发挥学校的指导作用。钦州学院鹿鸣汉服社等学生社团定期开展以民俗文化为主题的校园文化活动，并以此为契机主导或参与校外端午、七夕等各种民俗文化活动，让人们重拾传统文化的记忆，达到推广优秀传统文化的目的，同时也促进了城市文化的建构和传统文化的保护。

其三，建立学校与城市间的常态链接机制，加大学校对社会优秀传统文化传播的指导力度，创新城市文化空间，构建良性循环体系，促进优秀传统文化的传承和发展。

发挥高校师资力量，加强实践平台的传承研究。高校有着无以比拟的雄厚的师资力量和较强的科学研究能力。高校应充分发挥师资力量的优势，结合文化传承的需求，从实践的角度研究校园文化对城市文化的指导与带动。

充分发挥高校的人力资源优势，加大对优秀传统文化及地方传统文化的研究，把研究成果直接转换宣传推广；加大对传统文化资源的开发力度，以文化发展促进政治、经济和社会的发展。如地方名人文化的品牌打造，可利用高校各学院的跨学科优势，把人文与艺术与旅游与经贸等捆绑研究，建构文化产业链。

注重传统文化形式转换的研究，注重实践方向的研究，并将成果回馈社会，从而丰富传统文化城市化的内容，促进其保护与开发的进程。如前面提到的名人文化的品牌打造的研究成果可直接转化成文化产业，促进地方经济文化的发展。钦州是南部边陲的历史名城，有较丰富的历史文化资源。如作为地方文化的两张名片冯子材和刘永福。如何打造好这两张名片，发挥名人效应，是近几年来钦州市各届政府孜孜不倦地努力去做的事情。首先，钦州市政府把刘冯故居打造成为爱国主义教育基地、廉政文化教育基地；其次，依托钦州学院的北部湾海洋文化研究中心等研究机构，进一步挖掘刘永福、冯子材的英雄故事，提升文化内涵，让英雄精神成为钦州精神的重要组成部分，唱响爱国主义主旋律。

准确把握优秀传统文化的时代价值，汲取实现中国梦的精神力量，促进社会物质文明和精神文明双丰收，是我们当前面临的重大理论和实践课题。基于高校校园文化与城市文化联动传承优秀传统文化的机制研究，以可持续发展的理论为支撑，文化服务于地方，符合国家倡导高校教育服务社会的要求，也符合高校应用型大学转型的要求。高校校园文化与城市文化联动传承机制的建设、网络教育平台的建设以及利用高校人文资源服务社会，在一定程度上解决了当前我国传承优秀传统文化途径单一、成效不大的现实问题，对中国梦的实现具有促进的作用。

第五章　中国传统文化在高校文化建设中的传承与创新研究

第一节　高校英语传承地域传统文化的思考

培养学生的跨文化交际能力是高校英语教育的重要目标之一。然而，在如今高校英语教学中，教师往往将主要精力放在基础知识教学上，忽视地域传统文化的渗透，造成学生在传统文化知识方面有所欠缺，这对学生的健康成长和全面发展造成不利的影响。在实际教学中，教师要对此予以重视，加强优秀地域传统文化的传承，有效落实教育目标，促进学生全面发展。关于如何在英语教学中做好传承地域文化，我从以下几个方面提出建议。

一、引导学生认识中西方文化差异

中西方文化存在一定的差异性，这也是很多学生在英语学习过程中感觉到吃力的原因。教师要想将地域传统文化有效渗透到教育教学活动之中，就必须让学生形成中西方文化的差异对比意识。在实际教学中，教师不能急功近利，要结合实际教学内容和学生的兴趣爱好引入地域传统文化，以此培养学生的中西方文化差异对比意识。在教学实践中，教师可以设置某一个话题，让学生展开讨论，在这个基础上探究西方人和中国人在处理问题的方式和观点上的不同。例如，教师可以围绕"新年"这一主题让学生展开讨论，比较西方国家的新年和中国新年的不同，分析各个国家人们的庆祝方式。在这个过程中，学生可以逐渐感受到两国文化的不同。这种对比教育方式对培养学生中西方文化异同意识以及丰富学生的文化素养具有重要的意义，可以实现地域传统文化的有效导入。

二、培养学生的跨文化交际意识

高校英语教学的目标之一就是培养学生的跨文化交际能力和跨文化交际意识。要想实现这一目标，不仅要采取适当的引导方式，让学生熟悉并掌握西方文化知识，还要让学生对中国文化知识进行深入了解和有效学习。在英语教学实践中，教师要重视对学生跨文化交际能力和交际意识的培养，将学生培养成适应社会发展需求的现代化人才。无论在什么情况下，来自不同国家的人要想顺利且高效交流。不仅要深入了解目的语文化，还要深入了解母语文化。这是双方有效交流的前提和保障。所以，来自不同国家的人要想顺利交流，必须全面且深入双方国家的文化。在高校英语教学中，英语教师要根据实际情况设置合适的交流情境，采取情景教学法，引导学生与学生之间进行跨文化交流。这种教学方式不仅可以让学生了解并掌握西方文化，还能让学生全面认识地域传统文化。通过这种途径进行地域传统文化导入教学，可以让课堂教学取得事半功倍的效果。

三、利用多媒体技术进行辅助教学

多媒体教学工具随着信息技术的发展在教学中的应用越来越广泛，它对提升课堂教学效率、融入地域传统文化具有重要的意义。在课堂教学中，英语教师要善于利用多媒体进行教学，以此丰富英语教学模式，在英语课堂教学中充分融入地域传统文化，让学生对英语学习有更加浓厚的学习兴趣，从而实现对学生传统文化素养的培养。在教学实践中，英语教师要科学安排教学时间，能够适当适时地利用多媒体渗透地域传统文化。例如，在学生上了很长时间的课感觉到疲劳的时候，教师可以给学生播放关于介绍地域传统文化的微型英文纪录片。这种可视化的教学情境不仅可以集中学生的注意力，还能引起学生对地域传统文化的学习兴趣，从而提高学生的地域传统文化知识和英语水平。

四、提高高校英语教师的文化素养

要想在高校英语教学中实现地域传统文化的传承和发扬，提升课堂教学效率，不仅要给学生选择合适的英语学习材料，还要不断提升英语教师的业务能力和文化素养。如今，在高校英语教学中，很多教师受传统教育观念的影响，在教学中往往重视知识和技能的传授，在文化方面的研究少之又少。所以，当前高校英语教师自身表现出来的文化素养普遍较低。这种情况下，教师面对地域传统文化时往往不知道从何下手，不知道如何才能有效渗透到教育教学活动之中。所以，高校要加强对英语教师的培训工作，鼓励教师在课下不断充电，加强与其他英语教师的交流和讨论，在这个基础上不断提升其文化素养，在英语教学过程中能够科学渗透地域传统文化，实现学生传统文化素养的提升和地域传统文化的传承和发扬。

综上所述，将英语这门语言灌输给学生并不是高校英语教学的唯一目标，其主要目标是借助有效的英语教学为社会培养更多的多维人才，让学生既掌握英语语言，还能充分利用英语语言实现地域传统文化的传播，在此基础上促进我国与其他国家的文化传输、贸易服务和经济交流。基于此，根据自己在教学中积累的经验提出一点浅薄看法，希望能为高校英语教师的地域传统文化渗透工作提供理论参考。

第二节　高校舞蹈教育中传统文化的传承

一、高校舞蹈教育传承传统文化现状

十八届三中全会公报强调"完善中华优秀传统文化教育"，党和国家领导人的讲话也多次肯定了中华优秀传统文化的宝贵价值，要打造我们的文化软实力、要实现中华民族的伟大复兴、要实现中国梦，都离不开优秀传统文化。高校作为优秀传统文化传承的重要载体和阵地，

应该积极营造传统文化的学习氛围，推进传统文化的传承，当代大学生作为文化传承的中坚力量，应该培养学习传统文化的兴趣，深入学习传统文化，肩负起传承传统文化的重任。中华传统文化博大精深，当代大学生若能扎根在优秀民族文化土壤中，认真汲取传统文化的道德精髓和知识精华，身心必能得到丰厚滋养，不仅能提升综合文化素养、科学素质和审美情趣，还能加深对中华民族发展的认识，对培养爱国主义情怀、民族自豪感，树立文化自信有着积极的意义。

目前，高校在传统文化的传播和发扬上尚未充分发挥作用，对大学生在传统文化的学习和推广上做得不够，宣传力度小，课程设置少，开展活动少，没有为大学生传承传统文化树立风标，营造氛围。全球化浪潮下，大学生很容易接受外来的新鲜文化，却往往忽视本民族的传统文化精髓。很多大学生对外来文化的影响持肯定态度。

虽然从民国时期黎锦晖创办的"学堂歌舞教育"到抗战时期以揭示现实、唤醒民众为目的的新舞蹈，再到当下以素质教育为目的的艺术教育，舞蹈教育已经成为高校美育的重要组成部分。但也面临一些问题，高校对于舞蹈教育传承传统文化的必要性、重要性和紧迫性认识不够，"重技艺、轻人文"的现象比较严重。有的老师和同学甚至认为舞蹈教育的现代化、舞蹈艺术的现代化就应该向西方文化看齐，认为传统的东西太老土，不时尚，对舞蹈艺术随波逐流，见"洋"就拜现象比较严重，街舞、拉丁舞等外来舞蹈大行其道，传统的古典舞和民族民间舞被遗忘在角落。高校舞蹈教育没有深入挖掘舞蹈教育与传统文化的关联，对舞蹈文化的整理、研究不够，教育方式比较单一，更缺乏相关教材。

二、高校舞蹈教育与传统文化

舞蹈艺术是人类精神的肖像，每一个时代的文化特征、思想意识、社会风尚、审美趣味都会对舞蹈的形成产生影响并在舞蹈中反映出来，舞蹈是时代精神的真实体现和厚重凝结。从汉唐两个时代的舞蹈发展可以看到其与时代精神的紧密联系。汉代处在封建社会初期的上升阶段，国力昌盛、社会文化一片繁荣，乐舞也迎来了发展高峰。丰富而阔大的综合性演出形式"百戏"体现着汉代崇尚雄壮之美的文化气象。百戏舞蹈具有较强的张力，司马相如《上林赋》描写《巴俞舞》等乐舞时，用"铿锵镗鞳，洞心骇耳"来形容，说明了汉代乐舞特有的文化风格。汉代舞蹈与当时的现实生活也有很多联系，《剑舞》《建鼓舞》等都体现了汉代艺术古朴率真的审美风尚。唐代是中国封建社会的黄金时代，孕育出辉煌灿烂、自由开放的大唐文化，也把中国古代舞蹈推向了发展的最高峰。唐代舞蹈内容广泛、种类丰富，既有像《破阵乐》《庆善乐》等歌功颂德之作，也有《康国乐》《高丽乐》等反映民风民情的乐舞；既有惊鸿飞燕的《绿腰》，也有车缓风迟的《胡旋》。名噪古今的《霓裳羽衣舞》构思别致、恢宏华丽，更是女乐的艺术极品。有唐一代从宫廷到民间，乐舞活动都非常活跃，充分体现了唐代强盛、开放、包容的时代精神。

中国舞蹈与诗文歌赋等文艺形式的关系极为密切，舞蹈可以通过诗歌传承其意象、形态，甚至借助诗赋可以探寻舞蹈审美的轨迹。在古代文化中，与舞蹈相关的诗文歌赋不胜枚举，如唐代盛行的《胡腾舞》，可从唐人刘言史的《王中丞宅夜观舞胡腾》、李端的《胡腾儿》中得知其风格和动态特征；又如古典舞《绿腰》，其闭月羞花之美妙在唐代李群玉的《长沙九日登东楼观舞》中有详细的舞容动态描述；再如《全宋词》收录的史浩所做的《渔父舞》，详细描述了一个与佛教意识有关的舞蹈，舞蹈的结构和细节表演都在词作中清晰可见。大量涌现的与舞蹈相关的诗文歌赋不仅描写、记录了当时舞蹈的形态，也表达了作者对舞蹈作品的评价和阐释，相当于舞蹈艺术批评，反映了当时人们的舞蹈风格和审美理想。舞蹈在每个历史阶段的发展，都与文艺思潮密切相关。魏晋南北朝时期"主情"的文艺思潮深深影响了中国舞蹈的发展方向。苏珊朗格说：艺术所要达到的目的是对于情感生活之本质的洞察和理解。可见，情感表现是舞蹈艺术的重要特征。明清时期提倡自然真性情的"性灵说"又一次对舞蹈产生了深刻的影响，促进了原本发自生命内在激情的中国民俗舞蹈的极大发展。

中华民族是个多民族融合的大家庭，在广袤的中国大地上，各民族在不同的地域环境中以不同形式生成、传播自己的文明，创造出风格相异又丰富多彩的民族文化，这种多元的文化是形成中国民族舞蹈绚烂多姿的根基，每个民族的舞蹈都能反映自己民族的习俗、风情和历史，凝聚民族精神和文化风格。在农耕环境中形成的汉族舞蹈，经过几千年的繁衍发展，派生出的舞蹈有七百多种，它们在乡土性、群众性、稳定性等方面体现出共同的特征。藏族舞蹈受高原环境、宗教信仰和农奴制度的影响，形成了神秘坚韧、安详协调的风格。蒙古族舞蹈是游牧生活和草原文明的生动体现，舞姿体态多用雄鹰、骏马、大雁等形象，表现出蒙古族人豪迈激情的性格和审美理想。维吾尔族舞姿中的抬头、挺胸、立腰、颤膝等动作，加上丰富的表情和旋转技巧体现了集草原风格、农耕色彩和西域绿洲风情为一体的舞蹈风格。朝鲜族舞蹈典雅飘逸、深沉稳重的风韵则源于其崇鹤的图腾观念和民族意识。

中国的舞蹈教育有着悠久的历史传统，早在周朝就有了完善的舞蹈教育机构。五四运动后，黎锦晖开创了学堂歌舞教育，把歌舞艺术带给青少年和儿童，立志振兴传统的素质教育。抗战时期，吴晓邦先生创立的新舞蹈打破了传统的歌、乐、舞一体格局，在现实生活基础上，按照民族的文化心理特征和时代精神建立起来，引领了舞蹈教育的发展方向。

舞蹈教育事业的发展，必须扎根于传统文化的沃土，吸取其精华，传承其根脉，走有中国特色的舞蹈教育之路。我们的民族民间舞教育、中国古典舞教育、芭蕾舞教育都有着独特的民族品格和深厚的文化传统。被誉为新中国舞蹈艺术先驱的著名舞蹈家戴爱莲先生创立的边疆舞堪称学院派民间舞的鼻祖。早年间，戴先生改编、创作的边疆舞《春游》《青春舞曲》等作品深受学生及青年人的喜爱，在北大、清华等大学进行普及，使舞蹈在爱国民主运动中充分发挥了传统乐教"畅精神、修仪容、和上下"的积极作用。戴先生非常善于利用、挖掘民间艺术形式，她把民间舞蹈和少数民族舞蹈提炼整合、去粗取精，搬上舞台，并纳入舞蹈教育体系，指出了新中国舞蹈教育继承民族传统的发展方向。戴爱莲先生彰显了一位舞蹈教育家对弘扬舞蹈传统文化的高度责任感和历史使命感，她的舞蹈根植于传统文化沃土的中国古典舞蹈，融合了许多武术、戏曲中的动作和造型，独具东方式美感。

北京舞蹈学院古典舞教授孙颖老师一生都倾注在中国汉唐古典舞事业上，他用一生的实践和丰硕的成果告诉我们，中国古典舞教育必须以中国传统文化为基础。西方芭蕾舞传入我国以后，我们用丰富的传统文化来滋养它，使之具有中国特色和东方特色，在芭蕾舞人才培养上也取得了引人瞩目的成就，自 1982 年以来我国芭蕾舞选手参加国际大赛频频得奖，得到了国际同行的认可。中国的芭蕾舞教育体系也被国际芭蕾舞坛肯定，美国评论界认为中国芭蕾舞让世界看到中国特色，莫斯科大剧院的专任教师别加评论说："你们已经有了自己的风格和特点。"这些都说明中国舞蹈教育的发展需要以传统文化为根基。

三、高校舞蹈教育传承传统文化的策略

明确高校舞蹈教育发展的主导思想。高等院校是文化传播的重要阵地，当代大学生是文化的重要传承者，他们的艺术态度具有一定的社会影响力。大学生学习、热爱街舞、国标舞、流行舞等外来舞蹈文化，这是对多元文化的借鉴、吸纳，也有利于自身舞蹈艺术的发展，但是主流价值不能缺位，文化之根不可忘却。中国拥有悠久的历史文化和丰富的舞蹈资源，高校舞蹈教育要提倡对民族艺术的自尊、自爱、自信，调整学生盲目追崇外来文化的心理，培养青年一代的爱国主义精神。习近平主席在全国宣传思想工作会议的讲话中指出，中华文化积淀着中华民族最深沉的精神追求，是中华民族生生不息、发展壮大的丰厚滋养。高校舞蹈教育要担负起传承中华优秀传统文化的重要使命，明确舞蹈教育发展的主导思想，研究舞蹈教育的规律、价值。时任教育部体艺司司长杨贵仁曾在全国教育研讨会上强调"继承并弘扬我国文化历史，重视舞蹈教育的传统，对于建立有中国特色的学校艺术教育体系具有重大的意义"。高等院校舞蹈教育要以"倡导高雅艺术、传承传统文化"为宗旨，以提高学生综合素质为目的，根据当代大学生特点，结合时代、社会背景，探索出既能传承优秀传统文化，又能适应现代教育发展的舞蹈教育思想。

加强传统文化学习，培养学生审美能力。对于大学生而言，学舞蹈是为了丰富人生，体悟美和创造美，而舞蹈的魅力在于文化的力量，大学生学舞蹈应该从文化入手，注重肢体语言背后的文化内涵。传统文化是历代艺术实践与思想文化的结晶，蕴含丰富的人文内涵。在舞蹈教育中加强传统文化的学习可以从提高高校教师的人文素养、增加人文学科的课程设置、营造良好的校园文化氛围、引导大学生进行经典阅读、开展课内外实践活动等方面入手。

高校舞蹈教师首先是传统文化的践行者，要不断充实完善自己，才能把传统文化教育和专业素质教育相结合，给学生良好的引导。舞蹈艺术的学习，要增加艺术含量，要从研究着手，理论先行，结合认识每个时代融社会学、民族学、历史学、宗教学、哲学等为一体的审美共性和审美文化内涵，培养大学生对传统文化的热爱和审美能力。在实践中体验、再造舞蹈形象，脚踏实地地感受到传统文化和民族艺术的博大精深，让学生叹服中华民族的智慧，从而爱自己的艺术、爱自己的文化、爱自己的国家。以鉴赏、学习古典舞《踏歌》为例，所谓"丰年人乐业，陇上踏歌行"。"踏歌"这一舞蹈形式源自民间，在汉代兴起，风靡盛行于唐代，李白的《赠汪伦》云："李白乘舟将欲行，忽闻岸上踏歌声"；刘禹锡的《踏歌行》云："春

江月出大堤平，堤上女郎连袂行"。而今，诸如"踏歌"这类传统舞蹈形式则从醉心与深谙中国文化的当代编舞家心中咏出，从而使古老艺术焕发新的生命光彩。

中山市某高校舞蹈团表演的《荔枝红了》在2015年广东省高职院校舞蹈艺术展演中获得第一名，该作品是师生们根据民间采风，结合岭南的生态环境、人文历史和风俗习惯编创的，这样的作品获得成功是因为它有文化的根。又如汉唐古典舞创始人孙颖老师从石窟壁画、陶俑以及各种史书典籍中研究、整理并进行创作，将汉代"翘袖"、唐代"抛袖"、宋代"打袖"和清代"搭袖"等兼容并用，同时吸收了藏族民间舞的特点，他创作的古朴典雅而又活泼现代的《踏歌》展示了汉魏舞风的奇妙瑰丽。这不得不令人赞叹，只有扎根于深厚的中华传统文化土壤之中才能以如此典雅含蓄，而又抑扬顿挫、行云流水的形式来赞美生命、歌颂人性。

树立综合艺术教育理念。舞蹈艺术与其他传统艺术在美学原则上有共同的审美追求和艺术精神，中国传统文化中的综合艺术教育也有着悠久的历史和广泛的内涵。古代的"乐"是诗、舞、乐一体的综合艺术，古人云："诗言其志也，歌咏其声也，舞动其容也，三者本于心而后乐器从之。"古代很多文人墨客也为乐舞落笔挥毫，甚至是直接创作，如屈原的《九歌》、苏轼的《教坊词》、杜甫的《公孙剑舞》等，探析这些与经典舞蹈相关的文化篇章，对开设有中国特色的舞蹈教学、编导课程都是有益的。高等院校具有综合学科优势和浓厚的学术氛围，课程门类多，学科覆盖面广。高校舞蹈教育要选择、整合出所需要的音乐、文学、戏曲、美术、书法等传统艺术知识资源，通过综合教学，与美学等相关学科结合，培养学生的人文素养与综合艺术涵养，也可以通过融合的模式将舞蹈置于历史、科学等领域中，结合大学生的知识结构，充分发挥其他学科与舞蹈的互动，促进人才的全面发展。

为阐释、创编舞蹈作品以及开拓思维，连舞蹈鉴赏课程中适当加入理论的探讨是培养学生理性与感性思维相结合的有效方式。例如，探讨舞蹈的"象形立意"，也就是舞蹈经过模仿、概括和提炼营造意象的过程，以作品《千手观音》《海燕》等作品的审美意象为例，可以引导学生感受作品的象形、立意与美。也可以与文学领域的托物言志、取譬引类等相同的表现形式作联系和比较。在分析杨丽萍的著名作品《雀之灵》时，适当联系传统美学中关于画论的"以形写神"与舞论的"形神兼备"，可以让学生了解到舞蹈不应只追求形美，更要追求神韵。杨丽萍惟妙惟肖的表演将孔雀的灵动、神采和生命活力表现得传神写照，如此才是对自然与传统的回归与传承。在学习和鉴赏以《扇舞丹青》《风吟》等为代表的古典舞作品时，可以引导学生去认识传统艺术中与舞蹈在艺术本质上极为接近的书法艺术，二者在运动性、气韵追求等方面具有共同性。

在创新中传承与发展。在全球化浪潮和多元文化融合的背景下，舞蹈艺术和舞蹈教育也在与时俱进，高校舞蹈教育对传统文化的传承既要追本溯源，又要兼收并蓄，在创新中寻求发展。享誉全球的舞蹈大师林怀民先生说在一个文化充分自信的国度，传统是当代的一部分。传统涵括了民族的敏感和智慧。前人对生命的想象，如何丰富我们的想象，进而用当代的眼光重新诠释古老的素材，丰富今天的文化，才是正确的课题。林怀民的作品大多取材于文学经典、民间故事、书法美术等中国传统文化，从中汲取营养，又在多元文化融合中展现了对传统文化的自信与珍爱。如《白蛇传》《行草》《水月》等作品，其中的动作元素把传统戏曲、书法、武术的韵律与西方现代舞的力量感融合，不仅富有深刻的艺术内涵，又易为现代人所接受。他对云门舞集舞者们的要求是除了排练、练功之外，还必须进博物馆学习、阅读文化经典书籍，有了这些熏陶，作品的创作就能将对舞蹈、文化以及人生的感悟融合到一起，这对高校舞蹈教育有很好的借鉴意义。再如被誉为全世界最优秀的大学舞蹈团——美国杨百翰大学国际民族舞蹈团从 2002 年起启动了"中国舞蹈海外学习计划"，在课程设置上强调了对中国传统文化的学习。他们在接受采访时说："中国书法线条的流动，用力地方法，节奏的对比，简直就是现代舞。"他们惊叹中国传统文化艺术和现代文化艺术有很多相通之处，他们学习中国舞蹈中的扇子、水袖、唱绸等元素，汲取其中的精华，用现代的思维加以表现，就能在碰撞和传承中达到中美文化的相互融合和促进，这也带给我们很多启示。

如何在当代舞蹈创作中挖掘中国经典文化的精髓，汲取优秀传统文化的营养，援引古代经典之作，编创出既与传统文化契合，又有现当代文化意念的舞蹈作品，在继承中创新、发展中国舞蹈文化；如何把中华文化最优秀的形态展示给学生，引导学生在多元文化的融合中不迷失方向，培养对不同文化的识别力和敏锐性，以开放、理解和宽容的心态去面对文化的多样性，最后培养学生在自觉吸收他人文化优长的基础上进行创新，增强融会贯通、发展和丰富自身文化的能力。这些都值得高校舞蹈工作者学习与思考。

总之，中华传统文化给了舞蹈艺术深厚的滋养，舞蹈也以它的文化底蕴彰显着民族的生命活力，舞蹈与传统文化有着密不可分的关联，脱离了传统文化的舞蹈教育是没有根的教育。继承传统、维系根脉，高校舞蹈教育必须解决当前突出的矛盾和问题，探索和实践出有效的途径和方法，促进舞蹈事业的发展，也促进中国文化的发展。

第三节　地方高校在保护和传承地方传统文化中的作用

高等艺术教育历来都肩负着弘扬民族精神、传承民族文化的历史重任。潜心研究赣剧多年的专家认为，拥有人才和技术优势的高校可以成为中国戏曲传承的主要途径，通过一代代老师传、帮、带，一批批学生投身传统戏曲的学习、表演和研究，以及先进的计算机软件、硬件设备的支持，传统戏曲可得到原汁原味的保护和发扬。江西省社会科学院某研究员认为，高校和地方"联姻"保护传承地方戏曲，几乎是唯一一条正确的路。不如此，民间这些绝响很难起死回生。

九江有着 2000 多年历史，文化底蕴极为厚重，在漫长的历史进程中积累了丰厚的、具有鲜明地方特色的非物质文化遗产。其中，湖口青阳腔于 2006 年被列为国家级非物质文化遗产名录，当地政府和文化部门在保护过程中遇到诸多困难，特别是缺乏懂专业和理论的人才，保护措施也不够得力。2007 年，九江高等学校和地方"联姻"，奋力抢救、保护"国宝"青阳腔，开江西省高校和地方联合保护、传承国宝级地方戏曲之先河，在社会上引起强烈反响，成为我省非物质文化遗产保护和传承的典范。

一、积极抢救和保护"非遗"青阳腔

面对青阳腔老艺人相继去世、传统戏曲艺术濒临失传的严峻现状，九江地方高校本着"资源共享、共同抢救、联合攻关、保护国宝"的原则，以"舍我其谁"的责任心和使命感，充分发挥高校人才和科研优势，在保护并光大青阳腔研究方面做了大量创造性工作。

第一，深入调研，措施得力。20世纪80年代，湖口县的110多个村级农民剧团中，青阳腔有48个。然而，随着老艺人的相继去世，湖口县青阳腔也险些失传。直到现在，传承保护仍面临困难：资料保存环境非常简陋，保存手段也比较原始，很多光绪年间的手抄本，只能简单地放置在档案盒中；很多录音磁带都是已故老艺人的原始唱腔，也未作刻录备份，一旦消磁，将无法补救。

九江地方高校在调研的基础上召开专门研讨会，成立青阳腔戏剧艺术研究所；建立青阳腔网站；建立青阳腔陈列馆；积极申报国家和省级相关研究课题；将青阳腔相关内容纳入教学计划，编入地方教材，供艺术学院学生学习研究；重视社区建设，保护传承人。这一系列措施大大促进了青阳腔的研究工作。

第二，成立课题组，申报各级科研课题。为使青阳腔研究更加科学、规范，九江地方高校成立了多个课题组，从不同角度或侧面对青阳腔进行研究。课题组成员中，既有研究经验丰富、长期扎根农村社区的文化局干部，也有懂声乐、声乐理论及戏曲理论的高学历教师，既有懂英语和日语的外语教师，也有艺术学院的管理干部，这为课题的深入研究提供了人才保障。

第三，编写教材，"非遗"进课堂。自2008年开始，九江地方高校将青阳腔纳入艺术学院音乐专业学生培养计划，将青阳腔精华内容编入地方教材，开设地方戏剧欣赏课，使青阳腔这一优秀的、体现民族精神与民间特色的"非遗"在大学音乐教学中有了合法地位，这一举措为开展教学活动、普及保护知识、培养保护意识、营造全校保护"非遗"的良好氛围起到巨大的推动作用。

两年来，九江地方高校充分发挥人才和科研优势，大力抢救和保护"非遗"青阳腔，取得了明显成效。其工作思路对国家非物质文化遗产保护有参考价值。目前，除了青阳腔和九江高等学校"联姻"外，上饶地方高校也开展了对弋阳腔的研究，南昌高校开展了赣剧研究。传统文化保护，高校大有可为。

二、青阳腔对赣北戏曲文化发展的影响

青阳腔形成于明代嘉靖(1522—1566年)年间的安徽省青阳县，由徽商经水路带进江西的水路门户湖口县，并由此扎下根来。青阳腔唱腔变化灵活，戏曲语言通俗易懂，极大提高了戏曲声腔的可塑性和表现力。后来，它从皖南发展到闽、湘、川、豫、晋和鲁等地，成为"天下时尚"，并影响了徽剧、京剧、赣剧、川剧和黄梅戏等戏曲的形成与发展，尤其为"四大徽班"晋京形成京剧奠定了基础，因此，青阳腔被誉为京剧"鼻祖"，在我国戏曲史上拥有显赫地位。

明万历年间 (1573—1619 年)，大量的安徽皖南商人走南闯北，外出经商，他们为了招揽生意扩大影响，把家乡的青阳腔带向了各方。特别是往江西长江上水方向的商路，更是徽商的主要经商之路。湖口县地处长江和鄱阳湖的唯一交汇口，是江西省的北大门，他们不仅把湖口当作重要的通商口岸，货物转运场，同时也把湖口作为青阳腔戏曲班社由北往南推进的主要通道。当年，这里集市贸易非常繁忙、商贾纷至。商贸发达，促进了湖口县戏曲文化的繁荣发展。

流传在湖口的青阳腔发展相当快，农村学唱曲文风气特盛、手抄剧本称"种子"几乎家家户户都有，职业班社犹如雨后春笋、围鼓坐唱则村村皆是。乡民们把青阳腔与当地的乡语乡音、民间音乐、俚巷土调、村坊小曲、宗教音乐、民风习俗、宗教祭祀等，紧密地交融在一起，成了经过"湖口化"后的新兴的戏曲声腔剧种——湖口青阳腔。

青阳腔不仅在湖口县生根开花，世代相传，生生不息地成了鄱阳湖畔的一种独具特色的戏曲文化现象。同时，它又很快传遍了赣北大地，哺育和影响了都昌高腔、彭泽高腔、星子高腔、瑞昌高腔、武宁采茶戏、德安西河戏、星子西河戏、德安南河戏、修水宁河戏等戏曲剧种的形成和发展。

三、高校与地方"联姻"，加强非物质文化遗产保护，提升文化软实力

赣北的众多戏曲文化，在新的发展理念指导下，出台了许多新的保护传承措施和创新的工作思路与方法，取得了丰硕的成果。湖口青阳腔率先走进了高校，走进了课堂，并充分利用高校人才优势和科研优势，建起了青阳腔艺术中心、青阳腔艺术陈列馆、青阳腔艺术团、青阳腔实践教学基地，成功申报了国家"青阳腔研究"课题，主办了全国青阳腔学术研讨会，出版了青阳腔研究专著，在国内外学术刊物上发表了研究青阳腔的学术论文。古老的青阳腔艺术焕发了青春，并以崭新的青阳腔艺术形式，创造出了许多反映新时代、新气象、新面貌的青阳腔作品，受到了国家文化部、教育部以及省、市各级领导的高度赞扬和新闻媒体的极大关注。其他各戏曲文化部门和团队，也以青阳腔的模式，对本戏曲声腔进行了大胆的改革和创新，一大批新的创作剧目、新的戏曲声腔、新的表演程式应运而生。新的戏曲文化团队、新的戏曲文化传习所、培训班、陈列馆四处可见。新的戏曲文化进课堂、进社区、进新村，屡见不鲜。赣北的戏曲文化的保护传承与创新发展工作正红红火火，突飞猛进，驶进了崭新的历史轨道。

作为历史的稀世物证，地方传统文化延续和传承的重要载体，不仅是湖口青阳腔，不仅是赣北戏剧，各种地方戏剧和民间传统技艺，都可以走进高校，走进课堂，得到更好的保护和传承。比如赣剧、高安采茶戏、抚州采茶戏、信丰古陂蓆狮舞、新干剪纸、鄱阳脱胎漆器髹饰技艺、吉安鲤鱼灯舞、萍乡春锣、南昌瓷版画、万载夏布制作技艺、万载开口傩、瑞昌竹编、樟树药俗等等，这些非遗项目都可以进入校本课程，成为当代大学生的选修课或必修课，加强非物质文化遗产保护，提升我省的文化软实力。

我国的传统文化博大精深。教育是文化系统"存活"的内驱力，而高校作为人才培养和文化传播与"继承"的重要环节，"民族文化"的因素是教育教学系统中不可或缺的一部分。

因此，在高校的改革和与时俱进的完善过程中，更应以坚守民族文化价值为前提，在历史与现实之间，站在战略的高度坚持民族文化的独立性，借助"世界文化的多元化"东风化雨的力量来促成肌体的自我更新，既是历史赋予高校的时代使命，同时也是高等艺术教育义不容辞的责任。

第四节　中国传统文化在高校英语教学中的传承价值

在高校的英语教学中，传承文化的教学对学生学习英语有很大的帮助，在语言的基础上，注重文化的修养，也是思想道德教育的一部分。只有重视中国传统文化的传承，才能真正实现英语教学的根本目标，不断促进中西文化交流，努力传承中国优秀文化。把中国文化弘扬到世界各地也是学生的职责，高校学生学好中国的传承文化将来步入世界的逐流时，也能和西方人有话题可讲，同时彰显了作为世界最古老的民族的五千年的文化魅力。由早在两千多年以前，我国古代先人与西方已经有文化交流，可见两个地域的友好往来基于此，若要加强西方对中国的了解，不能简单地对中国的现状进行传播，注重传承文化的重要性，这样才能从根本上了解中国。

一、中国传统文化在大学英语教学传承的必要性

开发具有中国特色的英语教材，突出民族性。目前我国高校多用的英语教材中涉及的中国文化的内容较少，仅占课文总数的19%，例如在2001年出版的《大学英语（全新版）》中，对中国传统文化的描写只有第二册"leaning, Chinese — style"，讲解的内容是中西方文化的不同差异。02年出版的《新编大学英语》第二册的第六单元"cooking and cuisines"中讲解的内容是中国菜的风味和烹饪技巧。在第三册的第二单元"the monkey king"讲解的是西游记的故事。有这三个例子可以看出，教学的英语内容对传统文化的涉及非常少，应该加大教材的编辑，而且要合理地设计一系列相关的内容，不能各个部分都介绍，要介绍得仔细全面。

加强语言教学，培养文化意识。在英语教学中，应该开辟一条创新的道路，即把外语汉化，创建一条适合以汉语方式学习英文的方法，比如可以在课堂上帮助学生积累中国特色的词汇，比如八股文（eight legged essay）麻将（mahjong）三个代表（Three Representations）、中国特色社会主义建设（The Chinese special social is construction），这样在交流中就避免缺乏了传统文化的交流与沟通，在词汇上下功夫才能在口语中有所贡献。这个问题在国家与国家的条约签订中有所体现，曾经美国与中国的文件签订中就专词汇的空子，给中国带来了很大的损失。

加强实践交流，注意文化差异。大多数学生都没有留过学，对西方文化的了解只是通过大众媒体的传播，这只是西方生活中的一小部分，学生对一些西方文化知识很多是道听途说的，没有在西方国家生活过，无法真正体会西方生活习惯，也就不能有效的传播中国传统文化。

在真实性和准确性上没有把握，教授在讲解时，应该注重对文化的真实性做考证，结合中国的传统文化，将两种文化对比，然后再给学生进行详细的讲解。

弘扬中国传统思想。一个民族的文化离不开一个民族的思想，在英语教学中应该加强对高操道德故事的学习，比如岳飞爱国的故事、孔子的儒家思想、林则徐救国的情怀、诗人李白、毛笔字大师王羲之等。在现代的文化传播的知识中比如，50 年代毛主席所说的 "paper tiger" 已被编入各种英语词典，NBA 赛场上只要姚明，也被编入课本中。这些思想的传播对文化的理解是不能忽视的，所有教师和学生应当注意到这点，弘扬中国传统文化在英语教学中有重要地位。

树立正确中华传统文化意识。想发扬中国的传统文化必须先了解其含义，在《现代汉语大辞典》的解释是：传统是 "世代相传具有特点的社会因素。如文化、道德、思想、制度等"；文化是 "人类在社会历史发展过程中所创造的物质财富和精神财富的总和，特指精神财富如文学、艺术、教育、科学等"。由此可以推断出，传统文化包含的知识面非常广泛，不仅是科学知识的组成部分，也是中国思想的组成部分。在英语的教材中应该多加这些内容，并且对其英语的翻译要准确，相对应的英语词汇要精准，只有这样才能给学生最好的英语教学。

在现实的教育中，教师还应该根据市场经济时代的大众需要，及时的捕捉适合时代气息的话题，美国目前倡导一种探索式的教育，教师可以根据学生的需要，进行探索式的搜查资料，全方位的获取相关的信息。以培养学生的观察能力，适应社会生存的能力，在实践中教导学生，帮助学生形成以科学的观察、体验、感受、论证生活的方式为出发点进行设计的理念。这是国家教育机构赋予教师的职责，把学生培养为专业的英语高才生，将来步入社会时，为国家做贡献。

二、在英语教学中传授中国传统文化的途径

第一步让学生们从根本上认识到，如何将中国五千年积淀的传统知识与西方的英语非常融洽地结合。在学校里可以通过组织多种多样、内容丰富的中国传统文化的学习，比如同学们普遍喜欢的知识问答比赛，还有大学生文艺艺术节等各式各样的文化节目，通过轻松、简单、易懂、普遍能接受的方式更好地使我们中国民族的传统文化深入人心，让青年学生更进一步了解传统文化的内涵，从而了解我们祖先的智慧结晶。还能够更好地弘扬传统文化的意义，并且能够自觉地传承中华传统文化。

现在的中国教育有很多都是分文理的院校，通常情况下，文科院校特别是外语院校注重外语的学习，而一般的工科院校却没有那么大的力度，但是无论哪类院校似乎都存在一个共同的问题，那就是英语中所涉及的中华传统文化太少。可以将基础英语教学融入中华传统文化内容，通过必修、选修，或者课外阅读的形式体现出来，从而使中华传统文化课程变成高效的通识教育。

世界上使用最多的语言是汉语，但是国际通用的是英语，英语似乎是一种重要工具语言。由于我国的教育形式的弊端使得学生在英语的学习和应用上特别吃力，学生所掌握的英语水

平还不足以将中华传统文化转译为英语，供更多的人士共同交流。因此，在教材的编辑与拟定时，最好注重中英文的对照，要求内容尽量通俗易懂。

目前，一般院校里普遍的授课方式就是汉语授课，除非是专业的英语院校，授课老师会全程用英语给学生们授课，然而在非语言院校有很多学生经常旷课，可能是对专业知识不感兴趣，对授课老师的授课方式不能接受，从而产生厌学情绪。老师使用幽默语言为学生讲课，既可以活跃课堂沉闷的气氛，也可以增添授课老师的魅力值，能够吸引学生对英语学习的兴趣。在语言专业院校也存在这样的问题，似乎更严重，因为学生们真的听不懂，真的跟不上，但是在提到中华传统文化时，授课老师通过激励学生对传统文化上的认识，我想但凡一位有素质的学生都会认真地记住。需要引起足够重视的是在英语流行的浪潮中，我们不应该以牺牲母语为代价而学习英语，母语能够让学生们更好更快地掌握并接受中华文化的内涵，感受到中华传统文化的博大精深，而英语授课又可以让我们的学生的英语应用能力得到更好的训练，满足了当代学生对中华传统文化的认识和传播。积极与西方文化进行交流互动，为世界文化的融洽奋斗不熄，当代青年有责任有义务保卫自己的精神家园，捍卫祖国的文化安全、文化主权。致力于保护祖国文化的同时，将五千年之久的中华文化传遍世界的各个角落。

三、中国传统文化在高校中未来发展趋势

文化的多样性已经成为全世界的共识，本人认为将来的文化发展形势是全球化和本土化两极互动的局面。在中国文化有独特性和世界文化的多样性，语言将会成为此文化的传播平台，全世界英语是使用最广泛的语言，所以我们必须学习好英语，大学又是各个民族与各个国家不同文化交流的桥梁，这使得高校的英语教学尤为重要。我国文化学专家曾经提出传承是传播的基础，传承中国文化是中国传统文化对外传播的核心动力。中国的强盛是因为有越来越多的人意识到了民族文化的内涵，并传播、传承传统文化。

"国学"指的是以传统文化为基础，是传统文化的结合和未来文化的发展。近几年来中国把传统文化传出国外的例子很多，比如蒋庆读经、季羡林大师等联合签署的"甲申文化宣言"，还有在国外建立的"孔子学院"。中国的传统节日在国外有华侨的地方也举行庆祝，比如春节、端午节、重阳节、中秋节等，中国传统文化在 20 世纪被传承得非常有道，使传统文化不仅得到了国人的认可，并且在国外有了认同、恢复和弘扬，在未来的文化传承中，我们后人更应该重视，在前任的经验教训上继往开来，努力开创新的传播途径，把中国的传统文化立于世界地位的不败之峰。

《易》《春秋》是我国古人智慧的结晶，被无数人所崇拜，但是由于其中的深奥，很多学着无法真正意义上理解研究，然而其英译项目无疑是一个非常意义深远的开端。这也表明我们对外传播的中心开始调整到基本价值的文化输出，与以往单一的汉语阅读相比，显然能被更多的爱好者接受和吸收，在弘扬了我们先辈的智慧的同时也很好地学习了英语，可谓互利互益。在当今全球化的语境下，我们更应该采取这种更为有效的方式向全世界发出呼唤。

中国传统文化的传承实质上是延续了中华文明精神，我们不但要在顺应时代的车轮上快

速前行，更要让历史悠久的传统文化走向大众化和现代化，所以加强对英译项目的发展与传承的重视是关键问题所在。充分利用英语这一个国际语言为媒介进行对外交流已经成为众多学生学习英语的目的。语言是文化交流的平台，特别是在英语全球化的现代，英语承担着构建中国文化身份的功能，由此可见，以英语为媒介的传承和传统守护者是未来发展趋势。

通过上文的论述，很容易看出中国传统文化的传承在国际交流中有着非常重要的地位，中国传统文化是中华民族世世代代积累而成的精神财富，是中华民族发展动力源泉。而高校又是文化交流的主要平台，所以培养高校学生的跨文化交际能力是英语教学的最终目的，这就要求学生提高中国传统文化英语表达的正确性。

第五节　传统武术文化在高校体育教学中的传承与创新

传统武术文化是中国传统文化的重要组成部分。弘扬传统武术文化已成为实现社会主义文化发展的新途径。大学体育课程是继承传统武术文化的突破口。它不仅丰富了大学生的精神文化生活，而且促进了大学生身心健康发展。它还可以继承传统武术文化，具有教育价值。

随着我国社会的巨大进步，我国人民生活的质量也越来越高，人们将重心也逐步放在了素质教育上，对于身体的健康有一定的追求，也是由于我国各项疾病的年轻化，使得健康问题不得忽视。大学生是国家未来发展的重要基础，他们的身体情况也会影响我国社会的发展，大学期间是大学生身体发展最快的一个时期，注重体育教学是整个社会的迫切需要，体质的改善对于每个人来说都是一生的奋斗目标，国家也极大支持初中体育教学的发展，设置了一些中考的体育考试，树立锻炼的思想。但是，目前来说，在大学生体育教学中还是有一定的问题的。

一、目前体育教学存在的问题

随着人们越来越重视健康，对于孩子的成长也是更加关注。高校体育教学已经成为一个很重要的部分。但是，残存的模式影子没有大的变化，很多大学生并不喜欢体育课程，很多大学女生也总拿身体不舒服当借口来逃避体育课，很多人也就是在体育期末考试前才疯狂练习考试项目，其实，这样来看，体育的地位不高，在某些教师和领导眼中，体育就是副科，这种思想对于高校体育的发展是有极大的害处的，也会让学生丢失对体育的热情，逐渐地不好动，也就没有运动的想法。

课堂上没有足够的时间已经成为阻碍传统武术文化发展的重要原因。缺课时间已成为高校武术课程面临的首要问题。在高校体育教学中，教师必须完成既定的教学内容，包括体质测试，体育爱好训练等，最终导致学生对传统武术文化教学实践的接受度不断降低，影响教学效果。轻文化，重技术。在当前高校武术教学中，许多教师将武术作为一门简单的技术课程进行教学。在教学过程中，我们注重向学生传授武术技巧，忽视武术文化的教学。

高校体育教学的方法还是有很大的不足，许多学校对于体育教学的方案还是比较混乱的，在不传授体育知识时，教师一般让学生自由活动，这种想法也是不错的，让学生根据自己的兴趣进行体育锻炼，或踢毽子或打篮球或打羽毛球或打乒乓球或跑步等，但是这种"放羊式"的教学方法取得的效果并不好，很多学生并不喜欢运动，所以在这种自由活动的时候往往会坐在一旁静等下课或者是直接回到宿舍。

传统的体育教学方法都是教师讲授各种体育运动的关键要点，然后让学生自主练习，也有的是强迫学生练习，很多学生都不喜欢这个体育项目，大学生都有自己的想法，当你强迫，很多学生就会不执行，这就达不到体育教学的目的了，时间久了，可能会有学生逃课，如果教师使用大幅度的课堂时间去开展理论知识的讲解，就会让学生感觉体育锻炼不重要，这就使得体育教学工作很难推进。还要的学校关于教学体育的内容非常单一，往往都是一种体育项目贯穿所有的学生，这对于学生的全面发展非常不利。每个学生都是独立的个体，具有独立的思维，每位学生的受教育经历、成长经历、家庭环境等都不一样，这对于学生的成长来说，会造成学生个体出现极大的差异，在读大学之前每个学生对于体育的爱好也皆不相同，很多教师采用教学方式都是一刀切，所有学生的对待方案都是一样的。

教育的主体应该是学生，但是在体育课程的教育过程中，往往都是教师为主了，学生的参与度并不高，很多教师就是讲解理论知识，对动作的要点指出，示范正确的动作，学生只是机械地模仿，这样不利于诱导学生喜欢体育，确立终身锻炼的目标。

现在很多的教师在授课的时候都是让学生跑两圈步热身，做做热身运动，然后自由活动，把学生留在操场上，这样的教学是毫无意义的。

二、传承传统武术文化的意义

每个国家都有自己的历史和独特的文化符号。中华民族作为一个多民族融合的国家，各种文化既融合又独特。在历史发展过程中，形成了以儒家文化为核心的各种文化元素，它们相辅相成，最终形成了中华民族的独特文化。在教学中，我们一直主张继承中华民族的传统文化。事实上，文化不仅是一种看似"高大上"的东西，只能被人们所钦佩，而且还是一种"软实力"，是学生综合素质发展的无形动力。虽然中国优秀传统文化的表达形式多种多样，但武术就是一种表达形式。因此，在学习这些文化的"载体"时，有必要深刻理解，感受到努力享受武术带来的文化氛围。此外，武术可以强健体魄，把人体推至极限，每个人的潜力都是无穷的，没有人知道自己的极限在哪里，也可以让学生享受人与自然和谐的感觉。

三、如何才能传承与创新传统武术文化

增加传统武术课程的培养方向。兴趣是最好的学习老师，也适合在高校教授武术课程。因此，体育教师必须首先了解学生在传统武术文化中的学习需求和兴趣，并根据学生的学习兴趣确定学习方向。例如，通过调查班级学生的兴趣，教师可以将课程分为几个方向，如竞技武术教育、民间武术教育和健康武术教育。这些教育方向可以有针对性地教育。

重置武术教学目标。目前，高校体育课程中传统武术的教学不仅要使学生掌握传统武术

的基本动作和技能，还要使学生受到传统武术文化的影响，使学生在此过程中更好地学习武术。因此，在未来的教学中，体育教师应从这一点出发，为学生开展有针对性的教育指导。

中国传统武术有很多种。每种武术都有自己的文化特色。因此，在教育过程中，体育教师必须积极发挥自己的作用，探索传统武术背后的文化精神，确保学生在学习过程中能够感染传统武术文化精神，最终提高自身素质和道德品质。

因此，在未来的工作中，体育教师可以组建一个团队来梳理传统的武术文化。首先，通过对武术文化相关学者的研究和代表人物的性格特征，我们了解了不同地区武术文化的特点，总结了传统武术文化的文化内涵。之后，体育教师还可以在业余时间更多地了解传统武术文化，整理相关资料，细化传统武术文化的精髓。只有这样，体育教师才能更深入地了解传统武术文化，更好地向学生传授传统武术文化的内涵。如果条件允许，大学体育教师可以到著名的武术学校和武术发源地等地学习，密切体验武术文化的内涵，加深对武术文化的理解，打下全面提高教学质量的基础。

此外，教师可以组织学生观看各种武术动作片，让学生真正走近武术，了解武术，可以告诉他们哪些动作是真的，哪些动作只是花里胡哨并没有实际意义，只是追求了视觉美。这对于学生对传统武术文化的兴趣培养有极大的促进作用。

传统武术文化在高校体育教学中的传承与创新已成为相关人员关注的问题。因此，在目前的工作中，体育教师必须运用多种方法发挥作用，并运用多种有效手段让学生了解体育的共同点。传统武术文化的诠释受到传统武术文化精神的影响，因此我们应不断完善自己的行为，最终成为社会发展的有用人。

参考文献

[1] 刘云山.牢固树立和自觉践行五大发展理念 [J].党建，2015(12)：8-11.

[2] 魏俊玲.高校文化建设的内涵、功能及途径 [J].教育与职业，2015(12)：28-30.

[3] 习近平.青年要自觉践行社会主义核心价值观 [N].人民日报，2014-05-05(2).

[4] 贾春旭，盖小丽，程晓娜.关于增强高校文化创造活力的思考 [J].河北学刊，2013(3)：215-217.

[5] 欧阳军喜，崔春雪.中国传统文化与社会主义核心价值观的培育 [J].山东社会科学，2013(3)：11-15.

[6] 李姝辄，柳礼泉.文化强国的逻辑基点——基于"四因说"系统哲学的解读 [J].探索，2014(3)：104-110.

[7] 张泽宝，刘畅.论文化强国视野下的大学文化建设 [J].学校党建和思想教育，2013(16)：86-88.

[8] 张茂林.人文精神：文化环境的价值蕴涵 [J].社会科学家，2012(8)：21-24.

[9] 冯雪红.人文教育的目标及人文精神的建构 [J].中南民族大学学报（社会科学版），2005(1)：179-182.

[10] 夏劲，杨志军.论爱因斯坦科学实践中科学精神与人文精神的统一 [J].自然辩证法研究，2006(11)：5-10.

[11] 史铁杰，余妍霞.高校传统文化的传承现状及对策研究 [J].江淮论坛，2015(2)：185-188.

[12] 陈永福，陈少平，陈桂香.大学生中华优秀传统文化教育状况调查研究——以福州大学城 10 所高校为例 [J].思想教育研究，2016(1)：120-123.

[13] 卢少华.高校传统文化教育现状调研及对策研究 [J].长春教育学院学报，2014(11)：47-51.

[14] 中共中央关于深化文化体制改革推动社会主义文化大发展大繁荣若干重大问题的决定 [M].北京：人民出版社，2011：32.

[15] 李醒民.科学文化与人文文化：融汇与整合 [J].山东科技大学学报（社会科学版），2013(3)：1-22.

[16] 庞德英.主流文化与非主流文化的冲突与和谐 [J].长白学刊，2013(3)：152-154.

[17] 卢风.论生态文化与生态价值观 [J].清华大学学报（哲学社会科学版），2008(1)：89-98.

[18] 余杰 . 如何构建高校生态文化 [N]. 光明日报，2014-02-07(11).

[19] 胡锦涛 . 坚定不移沿着中国特色社会主义道路前进为全面建成小康社会而奋斗——在中国共产党第十八次全国代表大会上的报告 [M]. 北京：人民出版社，2012：19.

[20] 廖小明 . 大学生生态道德教育的"五环节" [J]. 教育探索，2013(8)：120-122.

[21] 张丰韬 . 浅谈我国高校文化开放式发展道路 [J]. 管理观察，2014(23)：143-145.

[22] 陈杨健 . 新常态下大学校园文化的传播模型、困境与出路 [J]. 昆明理工大学学报 (社会科学版)，2016(02).

[23] 李嘉伟 . 利用红色文化旅游资源加强高校校园文化建设探究 [J]. 金华职业技术学院学报，2018(01).

[24] 张朱博 . 新媒体环境下大学校园文化建设面临的机遇、挑战与对策 [J]. 北京师范大学学报 (社会科学版)，2013(01).

[25] 乐程，陈九如 . 中华优秀传统文化融入高校校园文化建设的思考 [J]. 高校辅导员学刊，2015(12).

[26] 杨登山，张树礼 . 依托地域文化特色的高职校园文化建设路径探析 [J]. 中国职业技术教育，2017(04).